有声节目这么玩

内容潮

刘仕杰 著
+关注

人民日报出版社
北　京

图书在版编目（CIP）数据

内容潮：有声节目这么玩/刘仕杰著.—北京：人民日报出版社，2021.2
　ISBN 978-7-5115-6628-7

Ⅰ.①内… Ⅱ.①刘… Ⅲ.①广播节目－节目制作 Ⅳ.① G222.3

中国版本图书馆 CIP 数据核字（2020）第 210353 号

书　　名：	内容潮：有声节目这么玩	
	NEIRONGCHAO:YOUSHENGJIEMU ZHEMEWAN	
著　　者：	刘仕杰	
出 版 人：	刘华新	
责任编辑：	葛　倩	
封面设计：	观止堂	
出版发行：	人民日报出版社	
社　　址：	北京金台西路 2 号	
邮政编码：	100733	
发行热线：	（010）65369527　65369846　65369509　65369510	
邮购热线：	（010）65369530　65363527	
编辑热线：	（010）65363486	
网　　址：	www.peopledailypress.com	
经　　销：	新华书店	
印　　刷：	大厂回族自治县彩虹印刷有限公司	
法律顾问：	北京科宇律师事务所　010-83622312	
开　　本：	880mm×1230mm　1/32	
字　　数：	172 千字	
印　　张：	7.5	
版　　次：	2021 年 2 月第 1 版	
印　　次：	2021 年 2 月第 1 次印刷	
书　　号：	ISBN 978-7-5115-6628-7	
定　　价：	42.00 元	

抓住有声节目风口，实现创业理想

　　耳朵，是感受这个丰富世界的重要感官。随着人们对听的世界的需求，"有声节目"迎来了"新的春天"，上下班通勤的间隙、午间办公室的小憩或是晚上临睡前的舒缓，高质量的有声节目成了人们精神世界最恰如其分的填充，也慢慢变成了令人流连的精神后花园。从"电台时代"到"移动音频时代"，有声节目站在了时代风口，它给了快节奏下生活的人们更精致、个性化的内容，更宽泛、娱乐化的互动，也因此获得了更广阔、更丰富的发展空间。

　　有声节目，是硬件制造商、系统研发商与内容服务商通过构建音频场景生态，并以个人的音频收听习惯和偏好为基础，满足用户在特定场景特征下的音频收听需求，通过不同设备之间的无缝衔接和切换，融合贯穿不同场景下的音频传播方式和收听平台。

　　有声节目，用"耳朵听"代替"眼睛看"，具有伴随性、趣味性等特点，随着移动互联时代来临，其优势更加突出。眼睛是人类获取信息最重要的器官，在人们通过视觉、听觉、触觉、嗅觉等途径感知的外界信息当中，大约有 80% 的信息由视觉获得，可以说双眼处于"超负荷"状态。而有声节目的出现，让纯粹的"听书"成为可能，彻底解放了双眼，这为广大视障人士和低幼儿童等不具备文本阅读能力而又有阅读需求的群体带来了福音。而随着新媒体技术的不断普及，有声节目的呈现形式更加多样，智能手机、平板电脑、车载媒体等新型载体，将人们从费眼的电子书中解放出来。不论是在做家务、超市排队、健身休息、开车通勤，还是在茶余饭后抑或夜晚临睡前，只需戴上耳机，便可自由选择喜欢的有声节目，打发时间的同时也为自己充电。数字技术的进步扩大了潜在听众群体，任何人只要有一部智能收听设备，都是这个有声节目群体的一员，都可以随时随地进入"阅读"世界。

有声节目的另一大特征是伴随性，这使得"一心二用"成为可能，满足了当前快节奏生活下人们的阅读需求，可以有效充盈你所有的生活空间。比起纸质书动辄几百页的篇幅，有声书在线即可收听，一本几百页的书也不过几十兆容量，收听方便，受时空影响小，迎合了现代人随时随地获取信息的习惯。随心所欲地收听自己喜欢的有声读物，既能帮助人们充分利用碎片时间充电，又能解放因紧张工作而"忙碌"一天的眼睛。

有声节目拥有无与伦比的趣味性，能够有效激发人们的"阅读"兴趣。传统的阅读是调动眼睛这一单一感官来获取信息，而听书的时候，声音传递中融入了主播的情绪和感情，使人们对于获取的信息印象更加深刻。尤其是有声读物致力于内容创新，制作越来越精良，有的配上适合书中情节的背景音乐和特殊音效，有的邀请众多播讲人员分角色朗读书中内容，甚至书中出现的唱词会真的演唱出来。这种融合了多种艺术表现手法的有声作品，给人以美的享受，让人如同身临其境，难以忘怀，对有声读物产生长久兴趣和感官依赖，从而有助于培养忠诚用户群。有声读物这一特征，不仅激发了成年人的阅读兴趣，同时也点燃了少年儿童的阅读热情，国外有很多中小学校，将有声读物作为课堂上辅助教学的工具，使得孩子们的学习兴趣和学习效率大大提高。

有意思的是，国外有声节目用户群体其实数量很庞大。像在美国媒体圈，最潮的或许不是美剧和大片，而是"听"网络节目。据统计，92%的美国人在收听传统广播，听数码版Podcast（播客）的人也有15%。至于国内，传统广播市场的没落是不争的事实。随着数字技术日益普及，通过收音机等传统终端设备接收信号来收听广播的形式发生了改变，出现了通过互联网来在线收听的网络广播。接入互联网的广播，融入了互联网与音频广播的优点，使广播节目能保存、有文字、可点播、便于检索与下载，弥补了广播与生俱来的线性传播、稍纵即逝、无法保存、不能检索、看不到文字等方面的缺陷，不仅扩大了其传播范围，还大大增加了信息容量。

目前的中国移动音频市场，主要由移动电台、有声阅读和音频直播构成，新的赛道正在加速拓宽，原有的细分市场也在不断成熟。2019年，国内移动音频市场经历了高速发展，其中用户规模连续12个月稳步增长，全年涨幅达到50.3%；用户行为方面，在打开次数和使用时长上取得了迅猛增长；而用户结构呈现出男性化、高龄化和精英化的显著特征。面对如火如荼的有声节目发展，我们可以清晰地看出其蕴含的巨大潜力，其目前的行业现状与发展模式、发展趋势等，也必将引发我们进一步关注。特别是音频市场涌现出不少专业的音频分享平台和爆款付费音频产品，它们突出个性化服务，为特定受众提供特定服务，实现和听众的交互性、互动性，加之知识付费的兴起，有声节目的不断出品俨然成为新的风口。中国在线音频市场的格局已然形成，主要划分为三类音频平台：以喜马拉雅FM等为代表的综合在线音频平台、以懒人听书等为代表的垂直有声阅读平台，以及以荔枝FM等为代表的音频社交互动平台。

正是基于有声节目雄厚的受众基础和良好的发展态势，越来越多的人开始投入有声节目的创作工作中，希望通过有声节目的制作，传递自己想要表达的内容，并紧紧抓住有声节目的风口，实现自己的创业理想。本书将通过对有声节目成功案例的深入分析，就打造高品质有声节目，从策划、撰稿、遴选主播、视觉设计、后期加持、平台选择、专辑路演、宣传推广等方面，进行讲述，旨在为有志于进行有声节目创作的人提供有益借鉴。期待更多优质的有声节目与大家见面，丰富人们的精神文化生活，为弘扬社会正能量做出贡献。

凡事预则立，不预则废。对于有声节目的打造亦是如此。

因此，想要让节目成为吸睛产品，第一步便是要做好策划工作，这就需要对有声节目的目标人群、内容特点、选题定位，在谋划之初便有长远而充足的考虑。书中第一部分，详细介绍了如何开展策划工作，为有声节目成为爆品奠定坚实基础。

在内容为王的时代，一个节目想要在众多竞争者中脱颖而出，优质的内容是必备条件。如何寻找优质稿件渠道？如何对撰写的稿件进行检验？爆款的稿件内容有什么特点？优质的稿件具备何种魅力？就上述问题，书中第二部分将会一一解答。

有声节目的最大特点便是声音，声音来自主播，遴选到一个适合节目的主播，节目便成功了一半。好主播需要有优质的声场，能够把握好声音的节奏，更可以吸引众多的粉丝。因此，在第三部分中，将通过众多优秀案例分析，来帮助大家了解如何寻找到一个好的主播。

有声节目虽然核心是声音，但是一个超赞的视觉封面设计也是必不可少的。想让听众在众里寻"节目"千百度时，能够蓦然回首发现你的独特之处，就需要有一个夺目的封面。本书的第四部分，就是根据不同的内容风格，传授如何进行适宜的封面设计、详情页设计，以及主播账号如何能够吸引大家的眼球，让有声节目更加有"色"。

好的艺术作品都离不开后期制作，我们看到的电影、电视、MV均是如此，对于有声节目而言，后期的加持也非常重要，为节目打造专属的BGM，可以为节目增添很多亮色，同时，有声节目的后期加工制作，还需要充分考虑与受众的良好互动。本书的第五部分,将通过解析众多成功案例,让大家领略后期加持对于有声节目的魔力。

有声节目本体完成之后,选择怎样的平台,也有很大的学问。俗话说,男怕入错行,女怕嫁错郎。我们精心打造的有声节目,选择平台的时候,就像男选行、女选郎一般,需要全面考察、认真思量。本书的第六部分,就是要教大家选择平台的技巧,让有声节目"上对花轿嫁对郎"。

如同电影在上映前进行宣传路演以及点映一样,有声节目想要取得成功,进行路演也是非常必要的。许多作品,都是通过路演,找到了自身的亮点和不足,从而进行针对性的改进,使其能拥有更多的粉丝。本书的第七部分,便是以实际案例向大家演示,如何完成有声节目的"纸上"推演。

信息时代,"酒香也怕巷子深"成为人们的普遍共识。有声节目走向成功,其质量高、内容好是先决条件,就如同酒家要想名声响,需要酿好酒一般,在这个基础上,需要采取适宜的方式进行宣传推广,让酒香飘出巷子,吸引更多的人前来品尝,这样才不枉酿酒师的辛勤劳作,不辜负他们的智慧和汗水。本书的第八部分,就为大家演示,如何吹响有声节目的集结号,做最好的宣传和推广,使其家喻户晓、路人皆知,成为听众当中广为流传的"当红炸子鸡"。

近年来,我国大力扶持文化产业的发展,为在线音频行业创造了良好的政策环境,加上日益年轻化的社交需求等一系列社会环境变化,为在线音频行业的发展带来千载难逢的机遇,使其日益呈现出快速发展势头,向垂直市场和社交化、娱乐化方向不断深入探索。随着各主流音频平台在细分市场布局加强,未来在线音频行业竞争也将日趋激烈。因此,只有打造出类拔萃的有声节目,才能在激烈的市场竞争中拥有一席之地。

策划：既要高屋建瓴，又要脚踏实地 / 001

目标人群定位与内容选择 / 003

个性化二维有声世界的搭建 / 010

领略 FM 策划的魅力：爆款音频的叠加法则 / 017

撰稿：不同内容主体的写作竞技场 / 033

有声撰稿人：优质内容的来源渠道 / 035

有声文稿创作自检：爆款内容基本法则 / 045

爆款内容优化：个性鲜明、字斟句酌 / 053

领略 FM 内容的魅力：无个性不存活 / 061

遴选主播：人气声红沉淀优质用户 / 067

发挥声音的魅力 / 069

优质主播成为沉淀用户砝码 / 074

领略 FM 配音的魅力：余音绕梁 / 082

视觉设计：脱颖而出的点"睛"之笔 / 089

专辑上线前的设计与包装 / 091

主播账号的吸"睛"大法 / 110

后期加持：玩转BGM进入身临其境的听觉空间 / 121

玩转 BGM / 123

玩转互动，培养受众习惯 / 130

领略 FM 后期的魅力 / 136

平台选择：上对花轿嫁对郎 / 141

音频平台的用户行为研究 / 143

三大主流在线音频平台同台竞技 / 147

节目投放也应选对平台 / 154

专辑路演：上线前的第 N 次"纸上"推演 / 165

上线前沙盘演练的价值和意义 / 167

依次展开的专辑内容思维导图 / 169

路演现场还原：承受过 N 次修改后的最终成品 / 185

宣传推广：响彻云霄的有声集结号 / 189

内外部环境分析 / 191

常见宣传策略 / 197

依托企业媒体，完成涨粉与变现 / 206

粉丝"养成"系列 / 210

爆款有声节目的宣传典范 / 215

后　记 / 221

策划：既要高屋建瓴，又要脚踏实地

任何节目或产品的成功，均离不开最初的策划，也就是古人说的凡事预则立，不预则废。对于有声节目而言，策划是其能够成为爆款的第一步，也是最为关键的一步，策划引领着整个节目未来的走向。对于有声节目的策划，需要把握的原则是，既要高屋建瓴，又要脚踏实地。找准人群的目标定位，选择精彩的内容，则是实现成功策划的重要抓手。

目标人群定位与内容选择

音频节目分类及内容特色

目前的有声音频节目已经形成一个非常巨大的市场,并且根据人群和内容有了非常细致的划分,每个节目的分类都有其固定的粉丝群体与受众,可以说,有声书正在与其他传统媒介争夺用户的注意力,并且发展势头非常凶猛。以喜马拉雅FM为例,其平台上热门有声读物的播放量已经突破10亿,每个用户听的书,可以折合一年15本以上,用户日均听书时间为180分钟,这个数据是非常惊人的,充分说明了当前有声节目的发展潜力和市场是巨大的。

目前音频节目大致有畅销书类、人文类、个人成长类、商业财经类、历史类、外语类、亲子教育类、相声评书类、艺术类、音乐类、教育培育类、健康养生类、情感生活类、明星动向类等,各类产品均有自身的特色,也均有各自的排行榜以及引领风潮的作品。

如畅销书类作品，其特点是节目主播将当前比较热门的图书类作品直接转为有声读物，用优美的、适宜的声音读给受众。在当前信息爆棚的时代，利用碎片化时间进行阅读，接受快餐化的知识，成为许多人的选择，使用有声APP的用户越来越多。畅销书类作品有声节目，可以满足人们利用碎片化时间进行学习的需求。在喜马拉雅FM上，此类作品包括《鬼吹灯》《斗罗大陆》《我的老千生涯》《摸金天师》等。

人文类作品的涵盖范围比较广，如经典名著、诗词文学、艺术修养、纪实档案、哲学历史等。这类作品的受众文化修养普遍比较高，对于作品的品质要求也高，受众大多对这些作品拥有自己独特的见解，甚至在某一领域有深刻的研究。总之，不管是内容的制作,还是主播的素养,或是听众的素质,水准都是非常高的。比较典型的作品有《红楼梦》全本有声剧、《曾国藩家书(白话本全译精读版)》、《王东岳的中西哲学启蒙课》等。仍以喜马拉雅 FM 为例,在人文畅销榜上,《红楼梦》全本有声剧长期占据榜首的位置。

个人成长类作品,旨在为众多身处某一阶段的年轻人而定制。这些人可能刚刚步入社会、进入职场,对于人际关系有迷惑,对于社会现实有不解,对于职业技能想提升,对于自身现状很不甘心等。因此,在闲暇的时间,他们希望通过听一些节目,来缓解自己的压力,来调节自己的心理状态,来找寻能够解决自己某一时段某一个问题的方法和答案。个人成长类作品主要涵盖的内容,大致有职业技能、人际沟通、心理调节、名人演讲、高效管理、成功励志等。这些作品普遍充满了正能量,让人听到后会有所思考,会有所领悟,也会给自己如何做提供一定的指引,是人们不可或缺的有声陪伴。喜马拉雅FM平台上,比较知名的个人成长类作品有《口才三绝 为人三会 修心三不》《情商高就是会说话》《5分钟心理学》《我不过低配的人生》等,而《口才三绝 为人三会 修心三不》占据喜马拉雅FM教育培训新品榜首位,可见听这个栏目的人们,对于提升自己人际交往能力,希望自己成为一个具有高情商的人的需求是很迫切的。

商业财经类作品,受众人群更为具体,那就是热衷于投

资理财，热衷于创业赚钱的人们。这个板块一般有财经的热点资讯、投资理财、证券市场、创业创投、商业经济管理等内容，为立志于实现财务自由的人们提供更好的指引。典型的节目有《创业不可迷路》《白手起家创业》《每天五分钟，基金定投聊通透》等。在喜马拉雅 FM 平台上，《虎嗅·商业有味道》现居喜马拉雅 FM 商业财经热播榜第 1 名，播放量超过 2.1 亿，人们可以从这个栏目中，获取创新创业的资讯，并与业内大咖进行深入的交流。

历史类作品，主要满足喜好历史读者的需求。以史为镜，可以知得失。对于历史，国人向来是十分喜爱的，因此这个板块的受众也非常多。在当前许多有声平台中，对于历史类节目也有非常详细的划分,有中国史和世界史,中国史有正史和野史传说,给历史的爱好者一个全面的、包罗万象的选择,满足他们对于历史的爱好。如《听谢涛·真三国》《话说宋朝》《中国历史未解之谜》等。而排在喜马拉雅 FM 平台口碑榜第 1 名的是《听谢涛·真三国》,证明了经典作品,是不会随着时间的流逝而褪色的,只会历久弥新。

其余如外语类、亲子教育类、相声评书类、艺术类、音乐类、教育培育类、健康养生类、情感生活类、明星动向类也均有自己的细分以及代表栏目,有自己固定的受众群体。总而言之,在这个有声时代,只需要找准了受众群体,生产出优质内容,就具备了成为爆款的先决条件。

个性化专辑的分类选择及内容设计

打造爆款的有声节目，找准受众、选好分类，是最为基础的工作，之后，需要以上述两点为根本，进行个性化的专辑分类，进行详细的内容设计，从而实现提升。

据不完全统计，当前各个平台的有声节目已经多达几百万个，可以说，有声节目的市场竞争已经非常激烈，想要在激烈的竞争中脱颖而出，进入排行榜，就需要具备自己独特的地方。个性化，是一个节目能够吸引听众的必要手段。

节目的个性化，取决于节目的创作人和创作团队。对于有声节目来说，其最大的核心竞争力来自内容的创作，而个人或一个团队，是内容创作的灵魂。如有声节目中的相声，自然是以郭德纲领衔的德云社最受大家喜爱，这便是个人和团队的特长为节目的加成。因此，实现节目的个性化，首先需要对自己和团队有清醒的认识，找到自己最擅长的是什么类型，找到自己在哪个节目类型上拥有最丰富的资源，敏锐地感受到节目创作及策划时的风口在哪里，从而有针对性地进行内容设计，以达到事半功倍的效果。

干货 万丈高楼平地起，一个爆款有声节目的打造，一个精彩有声世界的构建，策划是关键，是重中之重，是万丈高楼的基础所在。当有声节目的策划是独具特色的，是把握准市场动向的，是找准受众人群的，那么就为后面的工作提供了最为有力的支撑。找准目标人群定位，找准专辑的分类并进行个性化的内容设计，对于节目的成功有重要的作用。

个性化二维有声世界的搭建

选题：大环境下的小选择

想要搭建一个个性化的有声世界，选题是基础。写文章讲究意在笔先，对于有声节目来说亦是如此，有一个贴切的、出色的选题，有声节目的个性搭建便成功了一半。好的选题需要考虑以下几个方面：

时代感：这是一个热点

对于有声节目来说，选题离不开身处的时代，人们的关注点和喜好，永远会给时代热点留下空间。因此有声节目的选题，必然具有时代感。许多经验和案例表明，以时代大潮流为背景，选取一朵小浪花作为切入点，往往会博得受众的青睐，也就是在大环境下，做出一个小的选择。选题不空洞、不缥缈，而是要以小见大，选取热点中的小事，却能让受众感受到时代浪潮的奔涌，产生情感的共鸣与依托，从而让自己的精神生活与这个有声节目产生密切的联系，让节目影响力不断地扩张、扩大，最终形成自身的独特品牌。

必需感：这是一个伴侣

有声节目究其本质，是给受众以精神陪伴。从 20 世纪 90 年代的收音机、磁带、光盘，到如今的有声读物 APP，虽然其媒介形式发生了翻天覆地的变化，但其内核并未改变。在辗转反侧、难以入眠的深夜，我们渴望听到情感专家的答疑解惑；行驶在上下班及旅行的路途之中，我们希望耳边响起动人而熟悉的旋律；在清晨早起第一缕阳光照进屋子里时，我们愿意听到拥有浑厚声线的主播告诉我们身边正在发生的要闻……在数不清的场景中，我们都需要有声节目的陪伴，它是我们心灵的伴侣，是一碗有营养的鸡汤，是我们生活和成长过程中不能失位的养料。因此，策划有声节目的选题，需要对受众的心理有充分的研究，找到他们的需求点、痛点，让制作的节目或可帮他们解决一些情感的烦恼，或可帮他们减少人际关系中的麻烦，或可让他们了解自己不知道但又想知道的知识，或可让他们在闲暇之余得到放松……总而言之，节目的选题，要让受众有必需感，给受众一碗融合酸甜苦辣、人生百味的鸡汤。

提升感：这是一门智慧

有声节目的创作，有声节目的选题，不仅仅是要帮助人们丰富业余的精神生活，更是要让人们在轻松中得到感悟，在休闲中能有反思，做到润物细无声。有声节目的选题和制作，应该让人们的境界可以得到提升。如出色情感类的有声节目，可以触及一个人心灵最为柔软的地方，在某一个瞬间，让一直萦绕在心怀的包袱轻轻放下；如知识类的节目，可以不经意间让一些信息走入他们脑海的深处，在他们最为需要的时候，灵光闪现，解决当下遇到的难题；如探讨人际关系的节目，可以让受众感同身受，用案例中的办法和方式，来应对现实工作与生活中遇到的困难，让自己与周围人的关系更加润滑、亲密……好的选题是一门大的智慧，它带给人们提升感，让人们在不知不觉中遇到了更好的自己。

共鸣感：这是一场交流

有声节目并非自说自话，有声节目需要共鸣感，需要与受众有一场精神上的对话和交流。如何实现这个目的呢？从选题就要充分考虑这个问题。好的有声节目，不是信息的填鸭，它的内容设计，对于受众心理的把握必然是独到的，它知道在哪个地方，如何发力，让受众感觉到，节目似乎正在与自己对话，节目所说的，正是自己一直想问的、一直迷惑不解的，受众在情感上与节目产生了共鸣，就使节目有了成为广受欢迎的爆款的可能。

掌控感：这是一次汇报

有声节目的播放，不仅要考虑与受众的共鸣，还需要考虑对节奏的把控，毕竟，节目需要主播将精心设计的内容传达给受众。这就需要节目具有掌控感，在注重与受众交流的同时，更需要将节目的播放当作一场汇报演出，层次分明，重点突出，抑扬顿挫，牢牢吸引人们的注意力，让节目达到最好的效果。

定位：明晰专辑思路

有声世界的搭建，在夯实了选题基础之后，接下来，需要对节目的定位有非常明晰的认识，我们可以从以下方面入手。

取一个易懂好记的专辑名

想要成为爆款节目,就需要有一个成功的专辑名字。从许多案例中,我们可以总结出它们的特点,那就是简单易懂,容易记忆。就像歌曲的专辑名、图书的书名一样,有声节目拥有了易懂好记的专辑名,受众的目光会很容易地投放过来,从而为进一步了解节目提供了可能。

在喜马拉雅FM平台上,无论是什么类型的节目,位于排行榜前列的专辑名称,都具备上述特点,如《创业不可迷路》《白手起家创业》《每天五分钟,基金定投聊通透》《听谢涛·真三国》《话说宋朝》《中国历史未解之谜》等,从题目中我们就可以清楚地得知这些专辑想要给我们传达怎样的内容,并且也能够很好地激发我们的收听兴趣。

选准一个专门的类型

上文提及,有声节目类型众多,因此,想要有一个成功的、个性的有声节目,必须做到术业有专攻。在节目的定位阶段,这一点更加需要明晰,要为自己的节目选准一个专门的类型,而且这个类型越细分,对于未来的发展就越有利。如我们的目标是要打造一个爆款儿童类节目,就需要在这一门类下进行细分。我们的节目可以突出育儿经,可以突出讲儿童故事,可以突出讲儿歌、读儿歌,甚至可以讲一些儿童有兴趣的外语与国学知识。又如,我们想要打造一个人文栏目,其涵盖范围与类型细分就更加丰富多彩,我们可以讲如何提升艺术修养,可以讲如何理解诗词歌赋,可以讲如何更深刻地阅读《红楼梦》《西游记》等经典名著,甚至可以就如何解读一个诗人做一个专辑。想要做历史、娱乐等栏目也均是如此。总而言之，专辑的打造，需要选准一个专门的类型，切忌细化不足，避免想要做满汉全席，最终却做出一桌没有营养的杂烩饭的现象出现。

落地一个有效的选题

取一个易懂好记的专辑名称，选准一个专门的节目类型，最终还需要将选题落地。最终落地的选题，是经过深思熟虑的结果，因此，它必须是有效的，可以生根的，可以继续推进实施的。否则，之前的工作就成了镜花水月、空中楼阁。那么，如何保证选题的有效性，并让它落地生根呢？答案还在上面的两步，专辑的名称与节目的类型，只要这两步走得扎实，选题是水到渠成之事。如我们想要做一个历史类型的有声节目，我们可以将其细分到名人传记方面，这样就初步找准了专门的类型。对于名人传记，最为通俗的名称可以叫作××传，但毕竟很多名人都已经拥有此类作品。因此，可以截取其一生中的某些高光时刻、某些对历史进程产生重大影响的时刻，进行更为充实、更为丰富的创作，便可以吸引更多的听众。

策划：爆款专辑的纸上构思

在确定了选题、明晰了定位之后，便进入二维有声世界搭建的关键一环，那就是策划，进行整体构思，也就是主体框架的营造。首先，对于专辑的内容，需要根据选题和定位进行更深层次的完善，针对内容的架构，要形成一个整体程度高、逻辑严密性强的作品。其次，要提前想好专辑主要针对的人群，一般来说，类型越是细分，针对性越强，取得的效果也会越好。在当前的信息时代，人们的个性化得到了最大限度的发展，我们在每个领域，都可以遇到知音，可以说，只有我们想不到的，没有我们遇不到的。当我们的人群定位准确、内容定位准确时，有声节目的策划就拥有了坚实的基础。在这个基础上，就可以遴选一个与内容设计相匹配的主播，并结合时长要求，梳理目录，设计好作品的语言风格。例如：情感类的节目，语言风格需要细腻而动人；历史类的节目，语言风格需要稳重而通俗；幽默类节目，自然需要生动而活泼的语言风格……最后，还需要对专辑进行包装与设计，也就是前言中我们说过的视觉传达，因为有声节目的激烈竞争环境，任何环节都不容轻视，对于一个专辑来说，出彩的包装与设计，可以为其增添夺目的色彩，让更多的人走入这个节目，收听这个节目，爱上这个节目。

突出：有声读物的核心竞争力

选题、定位、策划完成之后，一个二维有声世界已经具备形状，不过想要让这个世界拥有有趣的灵魂，拥有超强的核心竞争力，在激烈的有声节目市场竞争中脱颖而出，仍需要把握有声节目的几个重要抓手。

第一，有声节目对音质有很高的要求。有声节目，触及的是人的听觉，在人的所有感官中，听觉是异常灵敏的，对世间万物的美的享受，很大部分需要依靠听觉，大自然的风声雨声、稚童琅琅的读书声、悦耳的音乐旋律声、爱人间软绵的侬语声，都是听觉给予我们美妙的感受。因此，一个有声节目莫说想要成为爆款，即使仅仅想要成为一个简简单单的合格作品，优良的音质也是先决条件。可以设想，当我们耳边响起的是令人烦扰的嗡嗡作响，我们又如何能静下心来聆听节目？

第二，有声节目需要有适宜的时长。科学研究表明，一个人的注意力是有时长限制的。人们对于有声节目的收听与欣赏，也会呈现一个抛物线式的趋势，在某一个时刻到达顶峰，之后逐渐下降。因此，有声节目需要对时长有充分的把握，让人们不会因为觉得节目时间过长而心生退意，不愿打开或中途离开这个节目，也不会让人们因为时间太短而觉得意犹未尽，影响效果。好的有声节目的时长，应是花未开全月未圆，给人刚刚好的感觉，这是一门技术，更是一门艺术。

第三，有声节目想要突出，其最为重要的核心竞争力，仍然是内容！即使节目的主播拥有万里挑一的音色，让节目的音质无与伦比，即使节目的时长让人们感觉多一秒会多，少一秒会少，达到完美的状态；若是节目的内容不能吸引人，节目的内容不够精彩，那一切都是枉然。内容为王，在有声节目的打造上，仍然是不容置疑的真理。在喜马拉雅 FM 历史板块上，历史热播榜第 1 位是早在十几年前便已纵横江湖的《百家讲坛·易中天品三国》。论音质，易中天老师抑扬顿挫，但与当前主播相比，并不占优势，论时长，一集《百家讲坛·易中天品三国》的时间比现在通常公认的最佳时长 20 分钟要高出些许，但其却能在今天各类全新作品层出不穷的时代，仍然受到大家的欢迎，获得排名第一的点击频率，其最大的竞争力便是内容。易中天老师以独特的视角、幽默的语言，向我们生动而全面地讲述了我们曾经以为十分了解的三国历史，直至今天，我们还能够从中吸取养分，每听一次，都会有不一样的感悟，这就是内容的魅力，这就是经典的魔力。

> **干货** 个性化二维有声世界的搭建，首先，要有一个好的选题，而好的选题离不开火的时代背景。选题要有时代感，把握时代热点；选题要给听众必需感，给予他们心灵的需要；选题要有提升感，让人们从中学到些什么。其次，选题完成后要对专辑进行精准的定位，选好专辑的名称，选好专辑的类型，让选题落地生根。最后，有声节目要有良好的策划、突出的主题，从而形成强大的核心竞争力，展现给大家一个丰富迷人的二维有声世界。

领略 FM 策划的魅力：爆款音频的叠加法则

接下来，我们就以喜马拉雅 FM 畅销榜的部分作品，为大家分析这些案例的策划亮点与整体思路，让大家领略对于一个有声节目来说，策划能够带来的魅力，以期给大家更多的启示。

娱乐类：《侦探推理馆》《绝密档案》——悬疑铁杆粉的不二选择

悬疑题材，受到很多人的喜爱。它充分燃烧人们的大脑，让人们在享受这些作品的过程中，头脑不停地转动，并且会赞赏编剧的智慧与能力。悬疑类题材，也是众多影视艺术作品青睐的领域。无论是国内还是国外，精彩的悬疑电影总是会取得票房与口碑的双丰收，如《唐人街探案》《盗梦空间》《七宗罪》《禁闭岛》《搏击俱乐部》等。而《侦探推理馆》和《绝密档案》在策划之初，无疑是看中了悬疑类题材这一数量庞大的群体，并以易懂的取名、有效的选题、精准的定位、精彩的内容，成为悬疑铁杆粉丝的心头所爱。

《侦探推理馆》，目前排名喜马拉雅 FM 人文榜悬疑题材前五。其以国内外发生的真实案例为依据，通过精心的再度创作，向听众真实复盘惊悚烧脑的案发经过。节目的策划，牢牢地把握住了听众的心理，选取的都是人们比较熟悉或者有所耳闻的大案要案、疑案难案。在音质方面，一个铿锵有力的男声配以略带紧张气氛的背景乐，仿佛将听众带入一个身临其境的现实世界，让听众的思维随着主播的声音而遐想，现场得到了真实的还原，在时长上，每个分节一般都是 18 分钟左右，恰好与人们注意力时长相吻合，最大限度地确保了听众的收听感觉，在内容上，更是将一个个复杂的案件，通过编剧的再度改编，转化为通俗易懂而又层层递进的故事，引人入胜，获得了极高的播放量，这正是这个栏目策划所起到的巨大作用。

《绝密档案》与《侦探推理馆》有异曲同工之妙,目前在喜马拉雅 FM 平台上,已经取得近亿的播放量。这个节目的策划理念是"让真相不再沉默",其内容题材的选择与定位,也是遴选了真实案件,并且每节栏目,都有非常醒目的标题。如《消失的妻子、消失的情人》《项圈炸弹迷案》等,让人们看到标题之后,就会产生收听的冲动,其时长也在 18 分钟左右,主播的音质与内容的编排也都非常精彩,可以说,它与《侦探推理馆》一同在悬疑类有声节目里,占有自己的一席之地。

历史类:《古今女子图鉴》——只说给女人听的大历史

说到历史节目,人们的第一印象,便是这是以男性为主的类型。诚然,除了一些戏说历史的栏目,大多的历史与浪漫无关,而与斗争和流血相连。除却一些在历史上留下盛名的女性，女性很少成为历史类节目中的主角，也很少成为收听历史节目的主角。

但在 2019 年 7 月末，喜马拉雅 FM 的一档有声节目的出现，引发巨大反响，获得了很高的点击量，掀起一股女性学习历史的浪潮，这个节目就是刘敏涛演绎的位居喜马拉雅 FM 人文口碑榜第 68 名的《古今女子图鉴》。这个专辑名的拟定，或源于曾经热播的网剧《东京女子图鉴》，但是内容定位上，《古今女子图鉴》却是一部讲述古今女子历史的节目。通过这个节目，女性朋友欣喜地发现，历史也可以讲得浪漫。正如栏目介绍所说：女人要想以史为鉴，必须先成为故事中的主角。放下历史的标签，重新审视史书中的女人。在这个节目里，实力派演员刘敏涛化身为蔡文姬、褒姒、吕后、赵飞燕……她与她们心意相通，演绎她们的内心独白，解读了她们的时代与人生。

节目的成功，离不开精心的策划。之前，太多的历史是写给男人看、以男人为主人公的。那么，在女人的眼中，历史是怎样的呢？这就是节目的选题与定位，有了这个定位，节目的人群自然也就找到了，那就是女性，并非女性不想了解历史，不想以史为鉴，想要吸引她们关注历史，就要有代入感，于是节目的策划人，就将她们设置成历史中的人物，以她们特有的视角，去审视历史中女主人公所处的时代、所做的选择、所拥有的生活。通过这个节目，女性朋友了解到了李清照爱喝小龙凤团茶、赵飞燕用的香料和留仙裙、班昭给后妃上的礼仪课、貂蝉的舞姿……了解了古代女子的生活，其实也就了解了那个时代的很多，因为历史，都是由一个又一个活着的人和他们的生活组成的。不久前，《古今女子图鉴》第二季正式上线，邀请了具有极强声音塑造力的知名演员万茜，由她一人分饰50位中外名著中的奇女子，通过演绎她们的生活百态来还原书中的经典故事，为听众解读那些女性的处世哲学。

儿童类：《凯叔讲故事》——从个人品牌到有声IP

以儿童作为受众群体的各类栏目也是层出不穷，而在有声节目领域，要以《凯叔讲故事》最为知名。

《凯叔讲故事》的主播及创始人，是中央电视台前主持人、影视角色配音名家王凯。我们所熟知的《变形金刚》中的擎天柱、《海底总动员》中的锤头鲨、《汽车总动员》中的大卡车、《美女与野兽》中的野兽，均是由他配音。在有声领域，凯叔具有鲜明的个性特点。凯叔以个人品牌效应为基础，深耕儿童故事领域，策划上线了《凯叔讲故事》这一有声节目，内容定位为"快乐、成长、穿越"的极致儿童内容，这个节目找准了受众群体，定位非常精准，经过四年的运营，目前已累计播出8000多个故事，总播放量超过34亿次，总播放时长2.67亿小时，用户超2000万，被推荐为"中国孩子的故事大全，亿万父母的育儿宝典"。《凯叔讲故事》，让更多的孩子拥有了幸福的童年，也为更多儿童类有声节目的打造提供了宝贵的借鉴。

资讯类：《虎嗅·商业有味道》《36氪：商业情报局》——从商业有味道到我们制造影响力

商业与财经、创新与创业，是每个成年人绕不开的话题，是成年人在和平年代的战场。这个类型的节目，关注人群非常多，竞争更是异常激烈。因为这个类型涉及海量的信息资讯、专业的评点，想要从中脱颖而出，并非易事，而在这个领域的佼佼者，要数《虎嗅·商业有味道》以及《36氪：商业情报局》。

《虎嗅·商业有味道》，是一个聚焦创新创业的资讯获取和交流平台。它聚集了优质的各项商业财经信息，用简练精准的语言，为人们带来深度的、犀利的商业科技资讯，满足人们对于这些方面的需求。在策划之初，节目便聚焦创业创新这大范畴中的小关键，让节目的定位更加精准，受众人群更加凝练，以实现集中发力，提升节目影响。目前该有声节目在喜马拉雅FM平台上位居同类节目播放排行榜前列，已播出近1600个作品，作品的总播放量高达2亿，成绩非常夺目。

《虎嗅·商业有味道》每期节目的选题都简单明了，结合当下的热点话题，直击受众心理，激起收听欲望。如《阿里京东从没这样怕过，后浪来了》《黄光裕将接受什么样的国美》《罢免陆正耀失败，瑞幸内斗大局已定？》等，均是上述策划理论与方法的具体实践。在节目的时长上，《虎嗅·商业有味道》更加讲究短小精悍，每期节目平均时间不会超过 8 分钟，确保了受众在收听的时候能将注意力高度集中，最大限度地吸收节目的养分。当然，时间压缩到 8 分钟以内，给节目的内容制作带来了极大的考验，因为需要用最简洁的语言，来通俗地传达深刻的信息，《虎嗅·商业有味道》完美地做到了这一点，也用生动的案例讲明了"内容为王"这一在多媒体时代通行的道理。

相比《虎嗅·商业有味道》，《36 氪：商业情报局》在商业与财经领域的有声节目中的地位亦是不遑多让。这是一个带听友们了解国内外商业巨头和知名企业最新动态的节目，目前已经出到第二季，在喜马拉雅 FM 平台上的播放量也已经过亿，成为极具影响力的商业财经类有声节目。

《36 氪：商业情报局》的成功，自然也是从策划开始的。与《虎嗅·商业有味道》一样，在选题和定位时，《36 氪：商业情报局》也是将目标锁定在对于商业咨询有兴趣的群体，这个节目更注重对于商业信息的直接表达，对于热点话题的结合度也非常高，每期的选题都是当下人们非常关注的，如《老干妈否认与腾讯有过任何商业合作，已报案》《苹果与 Google 遵守印度禁令，下架中国应用》《黄铮不再担任拼多多 CEO 令分析师感到意外》等，每期节目的时长，均在 2 分钟多不到 3 分钟，以资讯为主，比《虎嗅·商业有味道》更加简洁，在节目中，主播以相对较快的语速和清晰的吐音，以优质的、精练的内容为蓝本，为听众快速地介绍热点话题的来龙去脉和最新进展，让人们在最短时间内，对于这些商业财经信息有了最为直观的印象。

个人成长类：《蔡康永的 201 堂情商课》——人生经验搭配专业心理学知识，教你痛快做自己

成长，是贯穿每个人一生的事情。对于刚步入职场、刚步入社会的年轻人来说，成长更加重要。很多年轻人都有这样的感觉：在步入新的环境后，似乎以往自己学习到的、掌握到的知识和技巧都失灵了，尤其是在人际关系的处理上觉得十分棘手，有时会好心办了坏事，情商堪忧。因此，有声节目中，帮助人们提高情商、帮助人们成长的类型也是非常受欢迎的，在这个类型里，播放量超过 1.2 亿、喜马拉雅 FM 个人成长类第 1 名《蔡康永的 201 堂情商课》是非常值得借鉴的。

蔡康永对于大家而言都不陌生，他是台湾著名的艺人和主持人，主持过多档节目，深受观众喜爱。最让人称道的是，蔡康永的情商很高，被人们戏称为娱乐圈的"情商巅峰"。对于情商，蔡康永有着自己独特的观点，"高情商，不是迎合和容忍，而是可以好好和自己相处，同时也能把别人放在心上"。

《蔡康永的201堂情商课》以蔡康永个人的人生经验搭配专业的心理学知识，帮助人们全面提升情商，让人们收获情商新认知，舒服痛快地做自己。目前，《蔡康永的201堂情商课》在喜马拉雅FM平台上的播放量已经破亿，成为个人成长类节目中的"流量担当"。

在节目的选题、定位、人群受众的选择上，《蔡康永的201堂情商课》与其他情商类节目并无不同，它在策划方面的成功，在于突出了节目的流量、内核、音质、内容和时长。音质方面，节目由蔡康永自己作为主播，温文尔雅的谈吐、柔和的声音，一下子就牢牢地抓住听众的耳朵，每一小节的时长不会超过10分钟，能够让人们在注意力高度集中的情况下，将节目收听完。最重要的自然还是内容，在这个节目中，所有内容都源自蔡康永个人的人生感悟，他教会我们首先要好好地与自己相处，而非空洞地泛泛而谈，能够让人们从中切实得到感悟，从而得到成长。

知识类：《红酒微讲堂》——专业品酒师的个人专场

处于信息时代，获取知识的渠道已经越来越丰富，曾经我们可能需要去图书馆查阅一上午的知识，现在或许只需要动动手指，便能够找到海量相关信息。可以说，获取知识的媒介花样百出，书籍、网页、各类 APP……正是因为人们对于各类知识有渴求，因此，有声节目也将目光对准了这个群体，寄望用个性化的作品，来满足人们对于知识获取的需求，也让自己的节目得到更多人的喜爱，增强影响力。在这一类型节目里，位列喜马拉雅 FM 时尚生活热播榜第 12 名的《红酒微课堂》可以说给内容方上了一堂生动的示范课。

《红酒微课堂》以品酒为主题，将目光对准对于葡萄酒有浓厚兴趣的个性化群体，用幽默生动的语言，让大家以听段子的方式，迅速成长为品酒师，目前在时尚生活类的热播榜中位列前茅，取得了将近 300 万的播放量，在知识类有声栏目里独具一格。

酒，拥有悠久的历史，不论是在国外，还是在国内，都有太多关于酒的记载和故事。我们的古人出征需要以酒壮行，"葡萄美酒夜光杯，欲饮琵琶马上催"；古人孤独时，亦需要以酒为伴，"举杯邀明月，对影成三人"。酒在国外，地位也同等重要，它见证了太多人的悲欢离合，在世界各地形成了独特的文化。

而红酒，则是世界酒文化里越来越受到国人欢迎的一个。

在进行节目策划时，《红酒微课堂》找准了自己的定位，那就是深耕葡萄酒品酒细分领域，将深奥玄妙的葡萄酒相关知识，以浅显易懂的方式讲述给听众，让有兴趣的人更深入地了解葡萄酒，让原来不了解的人渐渐熟悉葡萄酒。因此，从节目打造之初，《红酒微课堂》便体现了策划者的独具匠心，获得成功便水到渠成了。

在音质、时长和内容方面，因为是知识类节目，需要将很多知识点串联并讲透，每集的时长都在 44 分钟左右，为了避免人们在收听过程中产生厌倦心理，内容的设计便成为重中之重。《红酒微课堂》也很好地解决了这个问题，在每集题目的设计上，讲究言简意赅,如《葡萄酒市场上的感官效应》《如何面对葡萄酒教育》《互联网时代下的葡萄酒现状》,均让对葡萄酒相关知识有一定了解欲望的听众感到十分解渴。而在内容的设计上,专业品酒师独具特色、幽默、生动、活泼的段子语言,更是让听友在寓教于乐中感受到了红酒的独特魅力,让人们更乐于收听,也更易于接受。

超级 IP 类:《谦道·笑玩江湖》——玩就能赚钱,教你玩人间、玩物、玩江湖

在有声节目里,超级 IP 类是其中一个相当重要的板块,这些 IP 拥有很多的粉丝群体,其打造的有声节目在一开始便拥有了成为爆款的丰厚基础,在这类节目里,位列喜马拉雅 FM 相声评书畅销榜第 2 名的《谦道·笑玩江湖》可以说非常成功。

《谦道·笑玩江湖》是全家都为中国相声界做出突出贡献的、身为德云社灵魂人物之一的于谦开办的首档音频脱口秀。大家都了解，于谦相声功底了得，与郭德纲一起，让相声这门传统艺术，在新时代又焕发出了全新的生机。大家在听郭德纲、于谦相声的时候，一定也侧面了解过，于谦其实是个玩家，除了"抽烟喝酒烫头"的梗之外，于谦还有个私人动物园，可说是头号玩主。已经拥有了五十年玩的门道和经验，以"谦哥"为引领，《谦道·笑玩江湖》让听众随时随地玩商在线，并且是开心地去玩，玩人间、玩物、玩江湖。目前，《谦道·笑玩江湖》在喜马拉雅FM相声评书畅销榜名列第二，播放量超过9691.6万。

节目的策划，都是围绕于谦这个超级IP量身打造的，其内容自然也就跟于谦的个人兴趣有关联。除了相声之外，于谦最大的爱好就是玩，因此，这个节目的定位就是玩，是于谦教大家怎么玩，在玩的心态、玩的过程中，体验生活的美好，让大家学会开心生活。节目的音质自然不用多说，于谦老师多年的相声功底，让节目的音质水准得到充分的保证，时长方面，也是每集8分钟多一些，充分照顾听众的心理，每集的标题，也都非常接地气，如《喝酒聊天交朋友，谈天说地混江湖》《文玩套路那么深，我要赶紧回农村》《忽悠好了，香菜根当人参卖》……看到这些题目，大家都会不由自主地点击进去，再有于谦这个捧哏第一人的倾情出演，节目大火自然是在意料之中，也更加说明了有影响力的超级IP，对于一个有声节目成功的意义所在。

干货 有声节目的策划，主要关注的环节有精心的节目选题、精准的节目定位、优良的节目音质、适宜的节目时长、精彩的节目内容等。将这些环节牢牢把控，就可以最大限度地保证节目策划阶段的质量，纵观当前众多有声节目类型的代表作品，无一不是在策划阶段便成竹在胸，之后按照既定计划稳步实施，最终成为爆款。

撰稿：不同内容主体的写作竞技场

对于有声节目而言，策划工作完成后，便指明了今后的前进方向。接下来要做的，便是根据策划的节目主题、节目定位、节目时长、内容框架进行节目内容的撰写。若以战争作为比喻，策划，是这场战争战略层面的制定，而撰稿，则是实现战略目的的一场场实实在在的战役，是一个写作的竞技场，只有切实地打赢每一场战役，才能最终实现战略目的，为节目的成功增添最为重要的砝码，让节目拥有最为硬核的竞争力，具体来说，有声节目内容的撰写，需要厘清其来源，需要对创作的内容进行自我检阅，进行更深层次优化，最终让它个性鲜明，成功面世。

有声撰稿人：优质内容的来源渠道

按照创作主体分

有声节目撰稿人，按照创作主体划分，可以分为 UGC、PGC、PUGC、OGC。具体来说：

用户生产内容——UGC

UGC 全称为 User Generated Content，指用户原创内容，这个概念起源于互联网领域。这是一种全新的生产方式，用户由从前的单纯接受和下载转变成既能下载又可以上传的方式。用户生产是基于平台的，用户相当于平台内容的贡献者，平台则是用户生产内容的运营者和审核者。以微博、微信朋友圈、知乎、豆瓣等为代表的平台都是 UGC 类型。用户通过自身兴趣爱好上传信息，吸引流量。在喜马拉雅 FM 平台，当用户进行注册后，这名用户同样也就成为可以上传自制音频的声音播客。简单来说，UGC 是出于个人爱好，但没有专业知识和资质的内容生产者。这种模式生产的内容大多丰富且多样化。

专业生产内容——PGC

PGC 全称为 Professional Generated Content，即专业生产内容，是指专业的媒体单位生产的内容产品，生产内容的主体是专家、专业学者，他们的内容特点是具有一定的公信力和权威性。具体而言，这类媒体主要包括新闻单位、非新闻单位网站或者平台，主要是以传统媒体居多。PGC 的内容生产对内容有严格的掌握和把关，要经过层层审核，其本质是首先对内容进行筛选，以保证内容的"优质"。

内容主题的确立往往都是要经过探讨和研究后才进行采集、编辑和发布的，对于应该让受众知道什么、什么应该发布有着严格的把关，与此同时也在不断满足受众群体的口味，从而赢得更高的信赖程度。简单来说，PGC 是出于有专业知识和资质的内容生产者，这种模式内容质量有保障。

专业用户生产内容——PUGC

PUGC 全称为 Professional User Generated Content，即"专业用户生产内容"或"专家生产内容"，也同样是互联网术语，指在移动音视频行业中，将 UGC 与 PGC 相结合的内容生产模式。具体来说，是以 UGC 形式，产出的相对接近 PGC 的专业音频内容。蜻蜓 FM 率先在行业内提出 PUGC 生态战略，内容生产以 UGC+PGC+独家版权组成，同时打通产业上下游形成完整的音频生态链。PUGC 生态战略集合了 UGC、PGC 的双重优势，有了 UGC 的广度，通过 PGC 产生的专业化的内容能更好地吸引、沉淀用户。通过首创 PUGC 生态模式，引领音频行业的创新，喜马拉雅 FM 帮助平台上的主播实现"微创业"。

品牌生产内容——OGC

OGC 全称是 Occupationally Generated Content，指品牌生产内容。该模式的生产主体是具有一定知识和专业背景的行业内人士或者机构，这些人或机构会通过发布内容获得相应的报酬。例如新闻媒体中的记者，既有新闻的专业背景，也通过写稿获得报酬。以声音和视频平台为例，各大公司均与出版单位和个人作者有合作，他们以此来获得报酬发布内容也称之为 OGC，所以说，OGC 的创作是以职业为前提，创作内容属于职务行为。

按照内容划分

已有内容的有声改编

对于已经出版的图书、网文进行有声节目的改编，在当前的有声节目里不在少数。这类作品的特点是，原著已经有了相当数量的粉丝群体，对于原著内容有很深程度的了解。将这些著作和作品转化为有声读物，风险比较小，容易快速地积累受众群体，但是在内容方面，自由发挥程度不高，而且需要经过原著作者的授权方能实现，发展潜力受限，会随着原著的质量和热度的改变而改变。这类节目的典型作品包括但不限于《鬼吹灯》《易中天品三国》《庆余年》等，还有一些传统的出版物，部分有声作品因为原著质量过硬，品质优秀，粉丝众多，这些作品在各大平台上的播放量也非常可观，但由一些原著粉不多、质量一般的作品转化而来的有声读物，受欢迎程度就大大地受到了影响。

同一话题的汇编整理内容

有声节目里,关于历史类、文化名家类、培训类、旅游类的作品很多。这些作品的内容,大多以汇编与整理为主。因为有关上述话题的资料是非常翔实的,留给内容创作者创新的空间不高,而且这些作品的目的,是以信息和知识的传达为主,因此,汇编和整理是这类作品的主要手段,中间穿插一些内容创作者独特的视角与观点,将众多内容作一个承上启下的连接,或者用不一样的语言,来为大家讲述一样的事情。这类作品的代表作如历史类的《漫谈东周》《史记中的故事》《千古圣人王阳明》等。

以《漫谈东周》为例,这个节目讲述的是我国最为古老的王朝之一周朝的历史故事。其内容来自各史料的记载,这些历史有些是大家耳熟能详的,有些是大家不怎么了解的。但是不管怎样,这些历史故事或事件,都是实实在在发生过的,也是由别人整理或撰写过的。节目的内容核心并非原创,但可以用另一种风格和语言,来向大家娓娓道出几千年前曾经发生在中华大地上的事情,因此,也有很多的粉丝与听众。

个人/团队原创内容

当然,在目前的有声节目里,原创内容仍然占据了最大的部分,成为有声节目内容的主要来源。这些节目或者是个人,或者是团队,均以其个性化的作品,为受众带来了美妙的感受。

这类作品是最具竞争力的,也是最为辛苦和艰辛的,因为所有的原创作品,背后都会凝结作者的智慧和汗水,尤其想成为爆款,就需要付出更多的努力,当然也会得到人们更多的喜爱和支持。仍以喜马拉雅FM平台为例，纵观平台上各个类型排行榜，位列前茅的均是个人或者团队的原创内容。如上文提到的商业财经类节目《虎嗅·商业有味道》、历史类节目《易中天品三国》、小说原著类《鬼吹灯》《斗罗大陆》等，这些个人或团队，用自己的智慧，塑造了有声节目的灵魂，让它们争相绽放出美丽的色彩，支撑起了有声节目产业的未来，也为中国的文化产业发展贡献着巨大的力量。

影视IP原著

在有声节目的内容来源中，影视IP原著也是不容忽视的组成部分。许多陪伴过人们众多美好时光的电视剧、电影，以另一种形式又展现给了大家。这类节目的形式也十分多样。有的以剧情为基础，将其进行一定的浓缩，加入主播的穿插，让人们重温剧情。有的则是主播将电影或电视剧进行再创作，用自己个性的语言来予以解构，让大家在较短的时间内，了解或重温故事的梗概。这类节目的时间相对电影、电视剧而言，是短小凝练的，主播的讲解，就如曾经好友向你讲述一个你没有看过，或曾经看过的电视剧、电影一般，别有一番风味。

在这类节目里，比较有代表性的，有位列喜马拉雅FM影视新品榜第1名的《隐秘的角落》原声小说、位列喜马拉雅FM影视原著榜第1名的《庆余年》，以及《小涛讲电影》《老片乱炖》等，均是以将经典的、有较高艺术水准和影响力的影视剧转化为有声节目的形式，来与大家进行新的交流与碰撞，也取得了非常不错的效果。很多以影视IP原著为内容的有声节目，播放量都非常可观，是有声节目内容创作里重要的一股力量。

《隐秘的角落》原著小说
68集 · 9.8万次播放

庆余年(全三部合集,同名电视剧原著小说)

超级 IP、明星邀约

在有声节目的内容来源里，明星和超级 IP 也是广受欢迎的一个类型。很多大家、超级 IP 和明星的综合素养是非常高的，而且拥有自己擅长的东西，他们也乐于通过有声节目的平台，与观众进行更多的互动和沟通，而许多有声节目平台，也都特邀这些明星大家前来平台，讲述自己想要给大家带来的分享，让平台有声节目内容的输出更加丰富、更加多样，也让人们从不同的渠道，更加深入地了解到这些明星的另一面，从而实现双赢的局面。

此类节目的代表作如上文提及的《谦道·笑玩江湖》，便是邀请了于谦这个相声界的大名家、大 IP，让他将自己平时生活里与玩相关的事情，同更多的观众分享，语言仍然是那样地幽默，但却又让人们看到了不一样的于大爷，也在不经意间增长了自己的知识，通过收听于谦的节目，开阔了自己的眼界，丰富了自己的业余生活。除了《谦道·笑玩江湖》之外，郭德纲的喜马拉雅 FM 相声评书畅销榜第 1 名《郭论》、窦文涛的《三人行》，均是超级 IP、明星邀约有声节目的佼佼者，陪伴听众们度过了许多美好的休闲时光。

平台自制

有声节目打造好之后，都会选择一个好的平台进行播放，当前比较知名的平台如喜马拉雅 FM、蜻蜓 FM、咪咕阅读、酷狗等都非常注重有声节目的内容。因为它们清醒地认识到，只有内容过硬，才能吸引来更多的听众，从而促进平台的发展。因此，除了不断地引入好的作品，与更多的个人和团队洽谈合作，许多平台还会自制一些栏目，以确保节目内容的竞争力。

以喜马拉雅FM为例，作为国内最为知名的有声读物平台之一，其一直贯彻UGC+PUGC+PGC的内容创作模式，从而确保平台上优质有声节目的不断涌现，为保持自己的核心竞争力提供了源源不绝的帮助。喜马拉雅FM与国内第一大资源平台阅文集团签订深度战略合作，依托海量资源全面攻占内容竞争领域。同时喜马拉雅FM与多家传统出版社、民营图书公司合作，形成新媒体资源与传统老牌资源结合的强强联合。目前，喜马拉雅FM的节目体系已经十分完备，成为国内有声节目平台的标杆，节目内容从小说到相声评书、到头条新闻、到人文历史、到音乐娱乐、到学习培训，可以说应有尽有，每个大的类别又都进行了更为细致的划分，在每个细分的类型里，内容优质、令人喜爱的节目层出不穷，也是喜马拉雅FM平台自制策略的成功所在。

蜻蜓FM是国内另一家知名有声读物平台，在内容制作方面，选择的是坚持PGC，深耕PUGC的策略。平台与众多资深媒体人签订合作协议。例如，蜻蜓FM与海尔公司共同推出的美食节目，给双方发展带来了巨大收益，成为一个被人津津乐道的成功案例。一方面，海尔公司急需转型适应互联网市场，正在寻找与其自身定位相符合的平台；另一方面，蜻蜓FM也需要一档特色节目来巩固其受众群体。从用户使用大数据来看，这档特色美食节目点击率高达47%。在海尔公司拓展战略和蜻蜓FM拓展战略的双重需求下，栏目《馨小厨》为用户打造了包括《睡前狂吃不发胖的食物》《东子省心早餐》《牛油果苹果饮》等多种美食节目，提高了用户对产品的使用率。有了这个成功的经验，双方计划进行进一步的合作，后期将会针对学生、上班族、中老年用户等特殊群体定制专属内容，例如，针对冬天老年人的出行问题、学生的合理营养搭配，在满足用户需求的同时，更会以此提升产品的使用价值。

广告类节目

目前的有声节目中，很多精彩的内容都是需要付费收听的，这也是有声节目的收益所在。但是每个平台都会有一些节目，为了达到广告推广的目的，将节目形式设置成免费的，吸引用户免费收听，这些推广和广告的内容，也是有声节目组成的一部分。

对于有声节目而言，这样的广告策划类的内容是不能缺少的。有声节目的生存与发展依赖于平台，平台的盈利很大一部分来自广告的收入，广告量的多少取决于平台的粉丝与受众数量，而粉丝与受众的数量，则又与平台中节目的内容质量息息相关，节目内容想要保持高水准的质量，就需要有更多的新节目源源不断地补充进来以吸引更多人的注意，几个方面形成一个闭环，当它们之间形成良性循环时，有声节目的发展就会愈加顺利，也会给平台带来更多的受众与收益。

<mark>一个新节目，想要最大限度地吸引听众，就要有出色的推广与免费策略</mark>，因为在当前，有声节目的数量是非常多的，竞争也异常激烈，若是一个新的节目要参照 VIP 节目，采取收费收听的模式，却缺少平台的加持，那么即使这个新节目的内容是非常精彩的，也很容易被大家忽视掉，最终消失，留下遗憾。因此，对于有声节目而言，广告与策划方面的内容，是整个内容的有机组成部分，需要引起十足的重视。

干货 对于有声节目而言，内容的撰写是核心环节。内容的来源目前也呈现多元化态势，内容的类型同样如此。已有内容的有声改编，同一话题的汇编整理内容，个人/团队原创内容，影视 IP 原著，超级 IP、明星邀约，平台自制，广告类是目前有声节目的主要内容形式。只有不断地拓宽

有声节目的渠道，才能确保更多优质的内容汇集到有声节目中来，提升有声节目的质量。

有声文稿创作自检：爆款内容基本法则

从上文我们可以了解到，有声节目内容的创作，虽然来源可以多种多样，但最终的文稿，还是需要有一个整合，尤其是作为主要来源的个人或团队的创作，对于文稿的质量要求就更高，因为节目内容都是原创作品，不像其他类型那样拥有原著的粉丝或者口碑加持，一旦内容的撰稿上出现问题，对节目播放量的打击是非常巨大的。因此，在有声文稿创作完成后，需要对这些文稿进行自我检阅，并且在检阅的过程中，需要对照以下几个原则。

你的内容易于倾听吗？

有声节目中信息的获取，依赖于听觉。这不像电影或者书籍一样，可以用眼睛直观地看，而是依靠主播的播讲，来搭建自己想象的世界，而且大部分人在收听有声节目时，也无法像看书本一样，对于不理解的地方，可以暂停下来，静下心来反复琢磨，而是随着主播的节奏一次性听完。这就对有声节目的文稿有了一个基本的要求，那就是一定要简洁、容易听懂、少用长句，因为人们在收听时，思维一直在跟着主播的话语跳跃，若是一句话长度太长，需要进行断句才能够理解，势必会给听众的思维顺畅度带来影响，有可能会打断听众的思维，使其将注意力放在这句话上面，不利于节目整体的收听效果。因此，文稿的句子，要以短句为主，在进行文稿检阅的过程中，要特别注意将那些过长的句子进行拆解，在确保原意不变、艺术性不降低的基础上，改为短句的表现形式，以照顾听众的收听感受。

此外，在进行文稿检阅时，还要注意少用或者不用专业性较强的、难懂的词汇和语句，尤其是知识类的节目，更需要注意这一问题，道理跟少用或者不用长句是一样的，那就是听众在收听节目时，注意力集中，需要保持思维的顺畅，当遇到自己不理解的词汇或者不熟知的专业用语时，就会产生思维的停滞，而主播却不会停下进度，于是容易导致听众没有听懂某些内容，也难以跟上之后的进度，对节目产生不好的印象，甚至出现弃听的行为，这就让节目的影响力大打折扣了。

纵观在各大平台热播节目排行榜上的有声节目，无一不是可以让听众顺畅地从头听到尾的，能够在很有限的时间内，将节目的内容有效地传达给听众。主要就是因为，这些节目的内容是用户感兴趣的，容易让人代入的。比如上文提到的《虎嗅·商业有味道》，虽然节目的主题是高大上的商业财经类节目，但是对于每期节目来说，无论是题目的拟定，还是内容的撰写，都非常接地气，让人们理解起来毫无压力。即使有专业的词汇，主播也会以深入浅出的方式为大家解释清楚，从而确保了听众从始至终思路都跟主播保持一致，很好地保证了节目的播出效果。《红酒微课堂》亦是如此。关于红酒的历史、红酒的品类、红酒的品鉴，都是具有一定专业度的知识，但是在节目内容的撰稿中，以说段子的形式，用生动活泼的语言，将晦涩难懂的事情讲解得十分有趣，让人们在得到快乐之余，了解与红酒有关的硬核知识。

总而言之，一个有声节目，想要成为爆款，就需要我们在进行有声节目内容检阅时，首先贯彻节目内容是否容易倾听的原则。

你的内容易于理解吗？

有声节目想要成为爆款，在进行内容检视时，需要把握的第二个原则，就是撰写的内容必须容易理解。有声节目的本质，是充分利用人们的碎片化时间，满足人们对于快餐化信息的需要。对于经典名著，人们会花专门的时间、消耗许多的精力来研究它，而对于有声节目，人们只是在某一时刻进行收听，他们在这个时刻可能是疲惫的，可能是注意力不够集中的，可能只是随意打开有声读物APP，想要休闲娱乐的……如果有声节目的内容如同课本一般，晦涩难懂，需要注意力高度集中，花费很多的时间反复收听才能掌握，那么，大多数听众是不买账的，因为这样的内容，是与他们的期待不相符的。所以，有声节目想要成为爆款，受到大家的喜爱，内容容易理解，是一个重要的标准。那么，如何做到撰写的内容易于理解呢？

举例和讲故事是一个非常不错的方式,而且这样的方式是极具魅力的。

许多有声节目其实都是在向听众传达自己的一个观点和看法,想要让观众认可这个观点和看法,就需要进行论证。若是节目通篇都运用哲学的论点在讲大道理,相信听众一定会转向别的频道。但是如果可以用讲故事、举例子的方式,将深奥的道理融合在易懂的例子中,那么听众听起来也会觉得不那么乏味,甚至会觉得很有魅力,而节目也能够实现自己的目标。

比如情感类、成长类的节目,若是通篇都在讲,我们应该这样做,我们应该那样做,而不结合一个个生动鲜明的案例来让听众身临其境地思考,那么效果显然不会好。如上文提到的《蔡康永的201堂情商课》,便很好地运用了讲故事和举例子的方式,在"你不是完美的,但喜欢你让我完美"这节课,蔡康永讲道,我们喜欢一个人的优点,是因为他的这些优点是与你息息相关的。他列举了非常多身边的案例,如我们对于明星的喜爱,我们对于恋人的喜欢,底层人士对于贵族的崇拜,以及讲述《陌生女子的来信》《泰坦尼克号》的故事,都在很好地论证着他的观点。同样,在爆款节目《口才三绝 为人三会 修心三不》专辑里,也同样用讲故事和举例子的方式,让听友们逐步掌握口才和为人处世的秘密。

你的内容能引起目标受众的行为吗?

有声节目想要成为爆款,内容容易倾听,便于理解,也只是具备了基本的要求，想要实现进阶，还需要提升到更高的标准。在检视文稿内容的时候，需要问一下自己，这些内容是否可以引起目标受众的行为。

上文说到，在有声节目的策划之初，就需要对其受众群体进行精准的定位，在此基础上，进行下一步的工作安排。之后的节目定位，文稿框架编辑、内容的撰写，都需要紧紧围绕目标群体的需求和特征来进行，当撰写的内容符合目标群众的心理需求，**引发他们的情感共鸣时，目标受众群体就自然而然地爱上这个节目**，并自发地将节目进行更多的推广，增强节目的影响力，节目也就会越来越好，最终成为爆款。

在引起受众行为方面，"吴晓波频道"给了人们很好的启发。"吴晓波频道"是由著有《大败局》《激荡三十年》等著作的知名财经作家吴晓波创办，最初是微信公众号，后来进驻了有声读物平台。

在吴晓波创办这个节目时，无论是公众号平台还是有声节目，都已经成为一片红海，但是"吴晓波频道"成功地站稳了脚跟，这与吴晓波本人的影响力是密不可分的。

吴晓波在激荡的十年间，由财经作家到商业史记录者，到现在的企业家、天使投资人，他从一个旁观者成长为一名参与者，经历非常丰富而精彩，这使得他在人们心中拥有极高的权威性和影响力，"吴晓波频道"也因而拥有了鲜明的特征和魅力。

"吴晓波频道"的受众定位在中等收入群体，其内容坚持了理性、严谨的写作风格，虽然没有互联网时代那种活泼的语言，但是却将"魅力人格体"与社群运营紧密结合起来,通过与用户线上线下的互动,大大提升了粉丝的活跃度,其线上线下互动方式多种多样,既有基于后发优势的集成,也有适应自身特点的创新。在有声节目平台上,开拓了评论渠道,这个做法尤其让人称道,可以就每期的内容与观众进行有效的沟通与交流,从而成功地引发受众行为路径,将节目的影响力进一步增强,当然,这种做法的前提,仍然是原创内容需要十分精彩。

目标受众会分享你的内容吗?

无论是以怎样的媒介方式出现的节目,判断其能否成为爆款的一个重要标准,便是受众对这个节目的分享。如一篇公众号文章,当其内容十分动人的时候,就会引起受众自发的阅读和转发,最终引爆,成为一时的热点。又如一部电影,有可能在前期宣传力度并不大,但是上映后,却因为优良的品质,实现口碑爆棚,从而形成"自来水",观众群体自发地进行海量评论并分享,引发越来越多的人前去观看。《流浪地球》《哪吒》都是如此。两部电影的导演和主演无论是咖位还是名气,都比同期上映的电影差很多,观众并未对其抱有多大希望。但是这两部电影却凭借着优质的内容和不俗的口碑,硬生生地从众多竞争对手中脱颖而出,成为国内电影票房排行榜前列的作品,实现了口碑和收益的双赢。

对于有声节目而言,能否以优质的内容引发受众群体的分享,也是需要高度重视的事情。在对撰写的内容进行检阅时,就需要问一下自己，当前的内容是否可以做到这一点，下面以《每天听本书》作为对标，讲一讲这个节目的做法。

《每天听本书》是"得到"APP于2016年9月上线的一个付费栏目，主播用时30分钟左右，将书中的精华提纯，并用口语转述的方式交付给用户，让用户快速掌握书中精华内容的知识产品。这个节目的口号是，"每天半小时，搞懂一本书"。当前时代，随着信息知识的增多，人们的注意力成为稀缺资源，时间显得越来越重要，尤其越到精英阶层，时间越不够用，《每天听本书》的宗旨，便是在为用户省时间中创造价值。同时，《每天听本书》在众多创作人员的共同努力下，生产出了有价值的内容，将每本书的精华浓缩到一定的时间内，并就自己的一些见解与听众进行互动，增加了情感的触动点，引发了听众的情感共鸣。同时，《每天听本书》形成了定制化的内容，定时推送给大家，精彩的内容最终得到大家的喜爱，用户也会将这些精彩的内容自发地通过微信、微博进行分享，形成节目传播的矩阵，最终实现裂变，让节目拥有了巨大的影响力以及更多的粉丝群体。

你的内容易于被受众找到吗？

如何让受众群体在茫茫声海中敏锐地发现你的节目，亦是这个节目能否成为爆款的关键。当前处于信息时代，各类信息爆棚，酒香也怕巷子深，若一个好的节目无法及时地被受众发现，便很可能被后来同类型节目所替代，对于节目的创作者来说也是巨大的遗憾。有时，很多听众对于这个节目产生了浓厚的兴趣，但是由于节目的特征不够明显，在下次想要收听，或者给别人介绍的时候，觉得乏善可陈，也会给节目的推广造成不利影响。因此，在对有声节目的文稿内容进行检阅的时候，还需要注意一个原则，那就是看一下文稿的内容是否容易被受众找到。

想要让文稿的内容被受众很容易地找到，需要在进行文稿内容撰写时，增加有吸引力的、热门的词汇与关键词。这些词汇与关键词，或可置于专辑的名称，或可放在每个小章节的题目，或可融合在一些重要的内容或节目介绍的详情页里。总之，就是可以用自己个性化的词汇，来让听众产生深刻的记忆，让听众只是在茫茫声海中看到节目一眼，就再无法忘记其容颜。让听众能够用我们特意留下的"线索"轻而易举地找到我们这个节目。

众多大家热爱的有声节目，均在贯彻着这一原则，如《虎嗅·商业有味道》。商场如战场，商机如战机，想要取得商场中的胜利，在海量的商业信息中寻获商机，就需要灵敏的嗅觉。虎，作为百兽之王，灵敏的嗅觉是其安身立命的本领，以"虎嗅"命名这个商业类栏目，令人眼前一亮，难以忘怀。总之，有吸引力的关键词，在众多成功的有声节目里是非常常见的，可说是必备的一个要素，我们打造的有声节目想要成为爆款，其专辑名称、章节题目、详情页、正文内容里，必须要有能够将观众耳朵与眼睛牢牢抓住的关键词。

干货 自我检验，是做任何事情的一个必要程序，对于有声节目而言也是如此，在对撰写的内容进行检查时，我们要问一下自己，撰写的内容易于倾听吗？撰写的内容易于理解吗？撰写的内容能引起目标受众的行为吗？目标受众会分享我们撰写的内容吗？撰写的内容易于被受众找到吗？能够圆满地回答了这些问题，那么，撰写的内容就经受起了考验。

爆款内容优化：个性鲜明、字斟句酌

在完成文稿的自我检阅，贯彻上文的几大原则后，还需要对内容进行进一步的优化，通过每字每句的斟酌，赋予撰写的整篇文稿以鲜明的个性，让文稿更具吸引力，更具独特性，拥有正确的价值判断，让文稿内容距离成为爆款更近一步。对于内容的优化，可以从目录、内容独特性、价值观营造以及后期的有效审核几个方面入手。

吸引：新颖的目录是第一眼印象

目录，是一篇文稿的大纲，无论是对于一本书籍，还是对于一个有声节目而言，对其内容进行了解，都是从目录开始的。目录是节目的第一印象，通过目录，人们可以对节目想要传达什么内容、取得什么效果有自己的初步判断，因此，一个新颖的目录，可以提升受众的新鲜感,增加他们收听节目的兴趣和继续亲密接触的机会。那么,一个新颖的目录,需要具备哪些特点呢?

情绪"煽动"

目录想要吸引受众,首先应能将受众的情绪"煽动"起来。人是情感类的动物,无论做什么事情,人们都需要情感的波动,看一本书或是听一个节目或是看一场电影都是如此。若是这些艺术作品,整篇都采用平铺直叙的方式,难以调动人的情绪,甚至让人昏昏欲睡,那么很难说是成功的。对于有声节目而言,想要成为爆款,从目录开始,就需要给人以别样的感觉,就需要调动人们的情绪,"煽动"人们的情绪,让人们看到目录,便有一种"燃"的感觉,认为这个节目是不平常的,是能满足人们所需要的情感迸发要求的。

用"悬念"来带节奏

设置悬念,对于大多艺术作品而言,都是吸引受众的好方法。人们都会有很多的亲身体验,如在观看一部爆款电视剧的时候,每集的最后,都会给观众留下一个悬念,让观众迫不及待地等待下一集的到来,这就是设置悬念的作用。对于有声节目而言,这个方式也同样适用,而且在目录阶段便可以采用。悬念的设置,可以很好地带动目录的节奏,让人们一眼看去,就会产生浓厚的兴趣,产生想象,为节目的推广起到非常积极的作用。

"标题"与"热点"齐飞

人们对于一个事物的关注度是有时间局限的,因此,每个时期都有每个时期的热点话题，而目录中的标题，想要更好地吸引大家，与热点的融合就是非常可取的一个方式。即使这个热点话题已经过去了一些时日，但只要曾经流行过，给人们留下过深刻的印象，那么，标题与热点的齐飞，仍然会给受众带来极大的兴趣。很多案例也充分表明，当标题与热点结合得非常紧密时，节目的听众就会增多，从而为节目成为爆款提供非常强大的助力。

"利益"诱惑

听众在收听有声节目的时候，都带有自己一定的目的，或是为了休闲娱乐，或是为了获取信息，或是为了了解知识，或是为了借鉴他人经验解决一些问题，简而言之，都是有"利益"可图。因此，有声节目内容的撰写，就需要把握这一点，照顾好听众的切身"利益"，有时为了吸引观众，还可以给听众以"利益"诱惑，让他们对节目的内容产生兴趣。进行节目内容优化的时候，就需要注意目录是否能对听众产生"赤裸裸"的"利益"诱惑，让他们看到目录，便得知节目的内容和看点是什么，与自己的"利益"诉求是否吻合，是不是能给自己带来意想中的"收益"。当一个有声节目的目录可以给听众带来诱惑时，那么自然就是具有吸引力的，也就达到了内容优化的目的。

独特：好的内容需要原创和反复推演

有声节目的优化，除却让目录变得具有吸引力之外，还要注重内容的独特性。上文已经反复强调过"内容为王"，但是真正想要成就王道，就需要在内容优化阶段下足功夫，尤其是让节目的内容具有强烈的独特性，让观众听后产生不一样的感觉。想要实现内容的独特性，保持原创是一个必备条件，而且需要在原创的基础上，进行反复的推演。

具体来说，实现节目内容的独特性，首先，要让内容与策划阶段时专辑的定位相符合。上文已经提及，策划是有声节目成为爆款的基础，也是关键的一步，后面各项工作的开展，均是紧紧围绕专辑的定位来进行的。若是节目的内容创作与专辑定位南辕北辙，那么显然是失败的，前期的策划也就失去了其意义。当然，有时候在进行内容撰写的时候，发现创作出的一些内容非常精彩，也可以据此来微微调整策划，让两者实现更好融合，为节目内容的精彩提供更好的保障。但是一般来说，节目的内容创作，都会以策划的专辑定位为指引，万变不离其宗。

其次，在进行内容优化，塑造其独特性的时候，要关注节目的内容是否容易理解和收听，这一点在上文如何进行文稿内容自我检阅时也已提及，除了少用长句，少用专业的、难懂的词汇之外，更需要确保内容在逻辑上是严密的、易于把握的。逻辑，是指思维的规矩和规则，任何一句话、一件事，只有逻辑严谨，才能符合规律，才能让人感到正常，从心理上更容易接受。对于任何作品而言都是如此，<mark>当一个作品的内容有明显的逻辑漏洞时，即使其语言再精彩，定位与策划再新颖，也是难以得到大家认可的。</mark>这一点，从电影中也可见一斑。在观众心中评分高的作品，其内容无一不是拥有严密的逻辑，让观众非常信服，再加上主演的精彩演绎，成为人们心中的不朽经典。一些评分非常低的作品，其内容基本都是逻辑不严密，甚至漏洞百出，剧中角色的行为完全不符合人们心中的常理，于是便有"侮辱了观众的智商"一说。有声节目也是如此，对于节目内容逻辑的检查与优化，必须高度重视，进行反复的推敲，完善其中可能存在的逻辑漏洞，不断让其变得完美，这样才能抓住观众的心。

在反复完善文稿内容的逻辑之后，还要对作品内容的语言风格进行优化，形成具有自己鲜明特色的语言风格，从而给听众留下深刻的印象。在众多的爆款有声作品中，语言风格标签化是显著特征。如《易中天品三国》《古今女子图鉴》《谦道·笑玩江湖》等，均以其标签化的语言风格，得到了大众的喜爱与认可。

最后，有声节目想要具备自己的独特性，除了做好自己，还要对竞争对手有深入的了解和分析。因为当前的有声节目类型非常多，同类产品也是层出不穷，想要在激烈的竞争中抢占先机，就需要"知己知彼"，方能立于不败之地。当我们打造出一个自认为非常不错的有声节目后，一定不要沾沾自喜，而是要将眼光放得长远，要认真寻找在同一类型的节目里，有没有和自己同质化的作品，自己作品的独特性和核心竞争力又在哪里，如果找到相应的竞争对手，那就要结合自己作品的实际情况，找出自身存在的优势、劣势、机遇与面临的挑战，总之，只有将目光放得更加宽广,才能让打造的作品更加完美,在众多的有声节目里脱颖而出,成为爆款产品。

价值判断:每一秒陪伴都有爱

有声节目带给观众的,不仅仅是精彩的内容,更传递着一种价值观。好的有声节目,就像喜马拉雅 FM APP 打开页写的那样"每一秒陪伴都有爱",陪伴受众的每一秒都让他们感受到爱。因此,在进行文稿内容的优化时,要对内容的价值有正确的判断,让节目时刻关注受众内心的需求,让受众时刻感受到节目的真心。

具有真心的有声节目,能让受众感到干货满满。对于有声节目来说,时间长度是有要求的,听众愿意花在节目上的时间也是相对有限的,在有限的时间内让听众爱上一个有声节目,需要的是其内容充满干货,让听众感受到在这个节目收听中的每一秒都收获满满。比如《口才三绝 为人三会 修心三不》,它的一期节目时间平均不到 6 分钟,但在这么短的时长内,传递给听众的信息却是经过内容撰写者反复推敲确定的,内容总结凝聚了创作者的心血,让听众感受到节目的诚意。

具有真心的有声节目,要让受众感到其独到的观点和态度。有声节目传达给观众最重要的,便是节目的观点和节目的态度。具有真心的有声节目,必然能够通过对信息的梳理和分析,来总结出自己独特的观点,拿出自己对一些事件不一样的态度,引导听众,传播正能量,让大家感受到节目的价值判断,感受到节目的与众不用。

有声内容的审核制度

当文稿内容具备了吸引力，具备了独特性，又可以给受众传递很好的价值观后，就达到了优化的目的。那么最后就是结合有声内容的审核制度，来将内容做一个全方面的审核，然后开始后续的相关工作。

审核完内容之后，就需要进行内容的主播遴选录制环节，然后对录制完的节日进行干音审听，干音就是尚未添加背景音乐，没做后期的主播原音。干音审核，主要是审核主播的音质是否符合要求，声音的高低、声场的变换、声音传达的情感能否跟节目的内容相吻合。该使用低沉的声音时，不能出现高亢的情绪，该采用舒缓的声音时，不应出现轻快的氛围，不能有读错的词和字。干音的审核是一个十分关键的环节。因为有声节目的内容传达，主要依靠主播的声音，同样的内容，在不同的语境下，需要用不同的声音来传达，这对主播与审核者都是个考验，他们需要对内容有充分的理解，才能在播放与审核环节中，确保最终的成果是与文稿内容完全贴合的。

内容审核和干音审听工作都完成之后，就需要进行最后的一个环节，那就是后期审听。我们都知道，每个有声节目最终播放的时候，都不会是一个主播干巴巴的声音，而是添加了好听的、符合内容场景的音乐和声效，让人们听起来更加身临其境，有时还会出现旁音，来为听众做一下内容的总结工作。这就是后期处理的范畴，没有后期的处理，一个有声节目是不完备的。进行后期审听，要把握几个方面。一是要确保主播的声音不会被配乐夺去光彩，主播的声音音量与音质要比背景音乐强，这样人们的注意力才会放在主播讲述的内容上，配乐只是起到辅助的作用，不能喧宾夺主。二是配乐的选择，要与文稿的内容有一个很好的协调，与内容的意境要匹配。比如做的是一个历史人文类的节目，配以具有中国古典气质的音乐是比较合适的；若做的是娱乐类节目，以一些流行音乐作为背景音乐就理所应当了；若是情感类的节目，背景音乐宜舒缓放松；若是评述类节目，背景音乐则可以融入一些节奏较快的音乐元素……总之，背景音乐的选择，需要与内容有比较好的配合，让人感觉两者是融为一体、恰如其分的，不能让人感觉很突兀，在进行后期审听时，要十分关注这一点。

干货 有声节目想成为爆款，就需要对内容进行反复的斟酌与优化。让节目拥有一个新颖的目录，给听众一个最佳的第一印象，从而吸引听众，是对节目进行优化的第一步。好的目录，能"煽动"听众的情绪，并能设置很多"悬念"来引领整个节目的节奏，目录中的"标题"要紧随时事"热点"，并给听众带来一些"利益"方面的诱惑。第二，确保内容的独特性，要对节目的内容进行原创并且反复推演。第三，要让内容充满正能量，能让听众感受到爱心，从节目内容中获取精神力量。

领略 FM 内容的魅力：无个性不存活

《罗辑思维》：有种、有料、有趣

谈到具有自己独特内容的节目，《罗辑思维》是得到广泛认可的一个。这个节目，由央视《对话》栏目前制片人罗振宇与独立新媒体创始人申音合办，属于一档知识性脱口秀节目，是罗振宇及其团队创作的网络视频脱口秀、同名微信公众号以及知识型社群共同形成的自媒体品牌。这个节目的口号是"有种、有料、有趣"，旨在以"身边的读书人"形象成为一代中国人的成长伴侣，引导独立、理性的思考。

《罗辑思维》第一期节目于 2012 年 12 月 21 日上线，定于每周五推出新的一期。在这个节目里，罗振宇通过分享个人读书的感悟，启发听众的独立思考，整个节目用他丰满的知识品质和独特的个人语言表达风格，在众多节目里独树一帜，受到许多人的追捧。

在这个节目的视频上线的同一天，《罗辑思维》的同名微信公众号也开通运营，公众号每天都会给听众推送一段罗振宇本人的 60 秒语音，用来跟听众分享他对生活的感悟，同时推送一篇其本人推荐的知性文章，启发人们对生活的感知和思考。

正是因为《罗辑思维》"有种、有料、有趣"的内容，在其上线后，得到了广大受众的青睐，播放量一直居高不下，成为以内容赢取天下的典型代表，为众多节目的塑造提供了借鉴。

《观复嘟嘟》：社会是锅粥，过了坎儿还有沟

位列喜马拉雅 FM 人文口碑榜第 3 名的《观复嘟嘟》是由著名文化学者、古董收藏家马未都创立并主播的音频节目。节目以其独具特色的"马爷 style"畅谈历史、文物、人文和时事热点等内容。2020 年，该节目在有声平台上总点击量超 23 亿，豆瓣评分高达 9.0，毫无争议地成为文化类有声节目中的佼佼者。

《观复嘟嘟》的形式与脱口秀节目非常相似，这个形式是国内众多综艺节目类型里非常受大家欢迎的一个。其采用脱口秀的节目形态对人文、历史和艺术等多元知识进行了全新的表达。

伴随着信息膨胀和信息碎片化时代的到来，现代人很少有

充裕的时间和精力去阅读一本晦涩难懂、专业性强的书。《观复嘟嘟》对知识进行二次加工，从每期题目的命名方面，我们可以看出，《观复嘟嘟》为迎合受众也融入了网络语言的元素，显得尤为接地气。比如，《夏天，啤酒和烤串更配哦》《熊孩子是怎么"炼"成的》，节目往往由一件小事缓缓说开去，从街头的啤酒和烤串谈到中国的烹饪技法，再到世界啤酒的历史，由浅入深；从熊孩子的二三事谈到家庭教育，透过现象看本质。

总之，《观复嘟嘟》的选题始终紧跟当下社会热点话题。所关注的大都是热门事件及其舆论的风向，讲观众想听的、没听过的，以新颖的节目形式、寓教于乐的表现方式深刻诠释了文化价值，激发了文化自信，一定程度上实现了文化反思、文化共鸣的传播效果，也使得节目的收视群体越发稳定。

《硬核电台》：专注流行文化考古，用恶趣味点缀无聊生活

在内容独特性方面，位列喜马拉雅 FM 影视热播榜第 ? 名的《硬核电台》还比较年轻，主播也显得名气不够，但是每期节目，却都能够以非常有料的内容吸引大家去收听。它专注于流行文化考古，为大家讲述曾经发生过的故事，并用略带恶搞的口吻，为大家的无聊生活增添了些许乐趣。

从每期节目的名称中，我们就可以看出这个栏目的独特之处。如《和姐姐聊乘风破浪的姐姐》，结合当下热度很高的真人综艺节目《乘风破浪的姐姐》，与大家探讨有关的话题，引发众多听众关注。又如《当年那些神综艺》便很好地贯彻了节目的

主题，流行文化考古，为大家回忆了曾经陪伴我们许多美好时光的综艺节目的前世今生，让人忍俊不禁又唏嘘不已。再如《鬼吹灯·龙岭迷窟真好看》，则是结合当时热度很高的鬼吹灯系列电影《龙岭迷窟》的热播，为大家综合评述了这部网剧的表现。总之，《硬核电台》以硬核的内容，关注时下热点，关注流行往事，用具有强烈个性色彩的内容，赢得了众多粉丝的追捧，获得了不俗的播放量，成为有声节目以内容取胜的一个典型代表。

《猴子警长探案记》：罪恶藏在谜题之下，真相就在推理之后

在儿童有声节目领域，位列喜马拉雅FM儿童口碑榜第1

名的《猴子警长探案记》是广受宝宝及宝爸宝妈喜爱的一个栏目，至今播放量已经超过 5 亿。《猴子警长探案记》主要讲的是猴子警长、小鸡敦敦、兔子警长和科学坏蛋弗兰熊的一段探案故事。整个故事贯穿罪恶藏在谜题之下，真相就在推理之后的理念。故事内容对于小朋友而言十分适宜，能够通过故事情节的设计和推动，充分激发小朋友们的思考，培养他们的逻辑推理能力和丰富科学常识。

《猴子警长探案记》之所以能够得到这么多小朋友的喜欢，它的内容创作功不可没。从每集的主题，我们也能够看出创作者们所花费的心思。如《怪兽事件》《蓝羽毛失踪案》《咖啡复仇记》《跆拳道馆的抢劫事件》……每集的主题都非常简洁明了，易于小朋友理解，并能激发他们的兴趣，节目的语言风格也十分活泼，符合小朋友的心理需求特征，再加上主播优质的声线和适宜的音乐背景，在儿童有声节目领域，《猴子警长探案记》成为佼佼者。

干货 对于有声节目来说，优质的内容是其最关键的竞争力，只有节目内容能够充分吸引大家的兴趣，才能为节目成为爆款提供帮助。因此，在对节目精准定位的基础上，内容的创作就成为关键的一步。有声节目首先要选好来源，在内容创作完成后，需要对内容进行检阅，确保其容易倾听、易于理解、便于分享、能够找到，还需要对节目的内容进行优化，通过逐字逐句地斟酌，让内容个性鲜明。优化节目的目录，让其更具吸引力；推敲创作的内容，让其更具独特性；树立节目的价值，让其充满正能量与情感。总而言之，有声节目优质内容的打造，需要多措并举，让其在愈加激烈的竞争环境中，拥有硬核的能力，为其成为爆款节目再添重要的砝码。

遴选主播：人气声红沉淀优质用户

有声节目，与其他节目的不同之处在于，其是靠"声音"来讲述想要传达的内容。书籍通过文字给予读者充分的想象空间，电影、电视节目可以结合人物的表演以及实际的场景来构建想要表达的世界，有声节目则是通过主播的讲述，将精彩的二维世界搭建起来。因此对于有声节目而言，在节目有了详细的策划，对内容进行了细致的优化之后，选择一个适宜的主播，就成为接下来的关键工作。遴选的主播的声音，应该与节目的类型有效匹配起来，为节目注入旺盛的生命力。

发挥声音的魅力

不断变换的声场

著名演员李雪健曾经说过,"没有声音,再好的戏也出不来",声音对于许多艺术类作品的重要性都是不言而喻的。许多艺术大家都拥有让人赞叹的台词功底和声音品质,也因此留下了让我们印象深刻的经典作品,尤其是一些配音演员,更是以深厚的功力,让我们领略了声音的魅力。如《霸王别姬》中张国荣扮演的程蝶衣的声音,许多观众都以为这是张国荣自己的声音,但经过深入的了解才知道,因为张国荣的普通话水准尚无法胜任这一角色,后来由著名演员杨立新根据张国荣自身的声音,并结合剧情的设置,将自己的声场进行了转换,最终塑造出了堪称张国荣本人的声音,也为《霸王别姬》成为中国电影史上最具影响力之一的影片做出了巨大的贡献。对于有声节目的主播而言,虽然不奢求他们都能够达到杨立新那样的水准,但是根据不同的情景声场进行不断变化,也是一个主播的关键本领。我们可以根据其声音的特质，来确定其适合什么类型的节目。如悬疑类的节目，主播的声音需要低沉而有力，用声场来带动听众自然而然地进入由主播的声音营造的悬疑气氛之中。若是情感类节目，主播的声音要具备磁性，让人听起来十分舒服，让听众的情感不由自主地向主播靠近，将他作为值得信赖的人。播讲和演绎儿童类节目就又不一样，需要充分考虑儿童的心理需求，声音应当充满童趣，让儿童听众觉得这是自己的一个好伙伴，这样才能让孩子们对节目和主播念念不忘，成为节目的粉丝。播讲一些观点类、资讯类的节目时，需要主播的声音铿锵有力，这样才能增强听众对于节目内容的信服力。播讲一些风格活泼，类似段子之类的节目时，就需要主播用一种调侃的、略带戏谑的声音来与观众交流，这样更能引起观众的兴趣，符合节目的特质……

总而言之，一个好的主播，可以随着场景的不同，来转换自己的声场，让自己的声音与节目的类型和气质完美贴合，将听众引入一个美丽的声音世界。所以说，想要成为爆款的有声节目，遴选一个合适的主播，是关键所在。

声音的特质

对于主播来说，其声音的特质也是非常重要的一个方面。声音的特质，包含音高、音强、音长、音色等，随着节目内容的变换，声音的特质也会相应变化，从而呈现不同的效果，达到节目需要渲染的气氛。

音高，即音的高度，通俗化的理解就是唱歌中的高音和低音。从日常的生活体验里，我们也能够了解，有些歌曲需要高音来烘托，如《青藏高原》《珠穆朗玛》《死了都要爱》，而有些歌曲则需要低音才能表达其情感，如《好久不见》《爱情转移》等。对于有声节目而言也是如此，有些节目的类型，或者一个类型节目的某些内容，需要主播加大音高，表达一种激烈的情感，有时则需要压低声音，让观众沉浸在一种不一样的情绪中，这就需要主播拥有丰富的经验，在节目播放前，对内容有自己独特的、深入的见解，进行播放形式上的二次创作，让节目更加地精彩，更紧密地抓住观众的内心。音强，则是一个客观的物理量，表达的是人耳对声音强度的反应。音长，是指声音的长短。音色，是指不同声音表现在波形方面的与众不同的特性，如小提琴与钢琴之间不同的声音。这些特质，与音高一同形成了主播的独特声音，掌握这些特质在不同场景中的变换，是一个优秀的有声节目主播必备的素质。

配音的节奏

我们普通人在说话的时候，都会有自己的节奏，结合自己想讲的内容，结合当时的语境，语速该快的时候快，该慢的时候慢，该起的时候起，该落的时候落，有起伏有快慢有轻重，才形成了语言的乐感，否则话语就会不感人、不动听。对于有声节目的主播而言更是如此，他们的配音节奏，对于节目最终呈现的效果是非常重要的。一般来说，配音的节奏可以分为轻快型、凝重型、低沉型、高亢型、舒缓型和紧张型。轻快型的配音，一般具有的特点是多扬少抑，声轻不着力，语流中顿挫少，且顿挫时间短暂，语速较快，轻巧明丽，有一定的跳跃感。这样的配音，适合一些轻松浪漫的节目内容，如浪漫的爱情故事、美丽的童话故事等，采用轻快型的配音，能让听众得到心情上的放松，也会让故事更好地走进人们的心里。一般来说，有声节目里的《小红帽童话故事》《格林童话》等节目采用轻快型配音是比较合适的。

凝重型的配音，一般具有的特点是多抑少扬，多重少轻，音强而着力，色彩多浓重，语势较平稳，顿挫较多，且时间较长，语速偏慢。这样的风格，适合一些话题比较沉重的作品，让人听到后心生肃穆，心境与作品内容融为一体。比较适宜采用这类配音的作品如《平凡的世界》《沉重的翅膀》等。

低沉型的配音，声音大多偏暗偏沉，句尾落点多显沉重，语速较缓。这样的风格，在一些充满悲剧色彩的故事作品中经常用到，让人听起来会产生比较伤感的情绪，心情也会随着故事情节的发展而起落。以这样的风格播放的作品如《卖火柴的小女孩》《巴黎圣母院》等，都会给人以深刻的印象。

高亢型的配音，声音多明亮高昂，语势多为"起潮类"，峰峰紧连，扬而更扬，势不可遏，语速遍快。这样的风格比较适宜于激情昂扬的作品，给人听后激情澎湃，充满张力。

舒缓型的配音，声音多轻松明朗，略高但不着力，语势有跌宕但多轻柔舒展，语速徐缓。这样的风格非常适宜用在抒发淡淡的情感上，尤其适合描写自然景色以及自己身处景色时的心理感受。适宜用这种风格的作品让人们听后心情舒缓，能够沉浸在主播营造的充满惬意的氛围中。

紧张型的配音，声音多扬少抑，多重少轻，语速快，气较促，顿挫短暂，语言密度大。紧张型的配音在有声作品中应用很多，大类型分类中，悬疑类作品必然会给大家营造紧张的气氛，尤其是涉及一些关键的刺激的情节时，主播会选择用较快的语速、顿挫的语感来传递给听者大量的信息，让听众似乎身临其境，心跳加速，与作品中人物一同融入故事之中。在其他类型中，当遇到适宜的语境时，紧张型的配音也会出现。

总而言之，对于有声节目的主播来说，需要很好地把握配音的节奏，想要做到这一点，也需要掌握一定的技巧与原则。首先，是要把握感情原则，主播需要根据作品中感情的需要，选择节奏的快慢。当需要激情昂扬的情绪时，就需要用高亢的配音；当描述一些美好的自然场景时，使用舒缓型的配音自然更加适宜；当故事需要渲染紧张气氛时，紧张型配音就成为必选项……一个优秀的有声节目主播，势必可以结合内容中对于情感的需要，来自我衡量采用何种配音方式，以让声音的感觉与作品的内容完美贴合，给听众最佳的感受。

其次，有声节目主播在选择配音类型时，还需要掌握的语境原则，就是要根据语言的环境进行配音类型的调整。语言环境即指说话时，人所处的状况和状态，主要指语言活动赖以进行的时间、场合、地点等因素，也包括表达、领会的前言后语和上下文。对于每句话而言，放在不同的时间、不同的场合、不同的地点，就会表现出不一样的含义。语言的含义不同时，其应采用的配音方式自然也会不同，因此对于有声节目主播而言，需要特别注意节目内容的语境，要在充分理解语境的基础上，选择最适宜的配音方式，以免与节目内容想要表达的含义出现不一致的现象。

最后，配音方式还要把握内容原则，根据节目内容的不同，进行适时的调整。当前的有声节目创作，内容的涵盖范围较大，有时一期节目里，会有反差较多的内容，比如在举例说明一个观点的时候，可能用到的例子是令人欣喜的，可能用到的例子是令人悲伤的，这就需要主播根据内容的不同，采用或轻快或低沉的配音，来与作品的内容实现对接，让作品更有说服力。

干货 二维有声世界的搭建，主播的声音尤为关键。有声节目能够成为爆款，声音拥有的魅力以及为人们带来的美妙享受功不可没。有声节目优质内容的传递，主要依仗的便是主播的声音。主播能根据不同场合进行声场的不断转换，为听众营造一个精彩的二维有声世界。他们可以完美地把握配音的节奏，让故事以最好的状态传递到听众的耳朵。

优质主播成为沉淀用户砝码

对于一个有声节目来说，优质的主播和节目是相互成全的，双赢是最令人向往的局面。有时候说到一个有声节目，人们最先想到的就是节目的主播，就如电视节目一样，我们想到《新闻1+1》就会想到白岩松，想到《中国诗词大会》就会想到董卿，爆款有声节目也都有一个令人喜欢的优质主播，而优质的主播也会给节目沉淀越来越多的用户，增添节目成为爆款的砝码。

十大人气主播及其声音特质分析

2019年12月31日，喜马拉雅FM 2019"年度人气主播榜"正式揭晓，作为喜马拉雅FM每年最重磅的评选活动，平台基于主播人气、专辑内容质量、互动分享、商业影响力等多种指标进行严格评选，最终得出各榜单排名。评选出了十大人气主播，我们可以从这些主播中，分析得到一个优质主播需要具备哪些特质。

先看排名第一的有声的紫襟，他拥有强大的粉丝号召力，可以说是音频界的超级网红。他的代表作品《摸金天师》目前播放量已超过45亿，是喜马拉雅FM建站以来收听量最高的单部长篇作品。有声的紫襟的声音很有辨识度，富有磁性，对于播放的内容拥有充分的理解，并根据自己的声音特质进行结合，能够根据不同的背景、语境，进行最贴合故事场景的配音，让人听起来如身临其境一般，为其播放的内容增添非常亮丽的色彩。

排名第二的主播是王斌，他的代表作是位列喜马拉雅FM商业财经热播榜第3名的《今日股市》，在这个节目里，他常与大家分享股市信息与股票知识，用深入浅出的方式，将一些看似深奥的信息拆解开来传递给大家，让听众受益匪浅。他对于声场的变换与配音节奏的把握十分熟练，在播放节目时，能够将观众的思绪通过自己的声音牢牢地把控，大大地提升了节目的影响力及自己在听众心中的地位。

　　阑珊梦 Dboy 排名第三，他的代表作是位列喜马拉雅 FM 有声书口碑榜第 8 名的《大神，你家夫人又挂了》《神级风水师》，这些都拥有颇高人气。他的声音个性鲜明、富有磁性，对于声音的技巧掌握也相当熟练，能结合内容的起伏自然变换声场、声质，选择适宜的配音节奏，深受大家喜爱。其他上"年度人气主播榜"十强的还有一种侃侃、叶听风、一刀苏苏、云天河、喜道公子、采采和朱宇。一种侃侃的代表作有《死亡阶梯》《官太太》《酒神》《王的女人谁敢动》等。叶听风以《都市寻宝记》《无心法师》《夜行歌》《将夜》《唐案无名》等得到大家的熟知和认可。一刀苏苏,代表作有《王的女人谁敢动》《叔,你命中缺我》《花颜策》《家有王妃初长成》《傲风》《你是我的万千星辰》,是喜马拉雅 FM 平台独家签约主播,且是 2019 年仅有的一位同时荣获人气及实力殊荣的女主播。云天河,代表作有《修真聊天群》《我的徒儿竟然全是反派》《神厨狂后》。喜道公子,代表作有《如果蜗牛有爱情》。采采,代表作有《糗事播报》《段子来了》《枕边疯》《那时花开》《1053 生活秀》等,听友认为她针对时事的吐槽和笑话的选材都有内涵,不浅薄,配合邻家小姐姐般的笑声,自然的语调,比有些笑话主播或时事评论主播技高一筹。朱宇,代表作有《妙宇连

朱》《仙逆》等。这些主播均在有声节目播放领域拥有了出色的成绩，成绩的取得都得益于他们对于声音的理解，对于技巧的应用，对于节目内容的把握，从而形成了自己独特的风格，让他们与自己的代表作融为一体，给听众带来美妙享受的同时，也实现了自己的人生价值。

人气主播的社交影响力

我们当前身处粉丝经济时代，粉丝对于一个主播或是一个节目影响力的推动作用是无比巨大的。一个优秀的、拥有超高人气的主播，社交影响力对于节目的推广作用是不容忽视的。选择一个优质的高人气主播，再加上精彩的内容，节目成为爆款便指日可待。利用主播人气吸引节目粉丝的案例是比较常见的。如有声界第一人气主播有声的紫襟，他在有声世界拥有超多的粉丝，经常位列十大人气主播排行榜榜首，有声节目选择他作为主播，就是一个非常强大的卖点，在播放之初，便能自带一波流量，让节目的关注度得到提升。

原音与版权

还有一些有声节目，是将一些原音录制下来，播放给听众，也有很不错的播放量。常见的节目类型有相声、评书、戏曲或者一些电视剧的原声等。比如在各大平台上播放量一直非常高的郭德纲、于谦的相声，单田芳的评书，方清平的脱口秀，以及很多深受大家喜爱的京剧、豫剧等。这些节目的播放，需要考虑的主要因素是版权问题。在国家打造文化强国的背景下，知识产权越来越受到重视和保护，想要以原声节目作为播放内容，必须要取得原有版权人的授权，避免一些不必要的争端。

有理有据的点评分析

"得到"是由罗振宇开发的另一个非常受欢迎的知识服务APP，发展到今天，已经成为内容领域的领头羊，而在内容价值的挖掘上，"得到"有许多值得借鉴的地方。能够取得这样不俗的成绩，与内容中有理有据的点评分析是分不开的。"得到"关注于给听众带来知识的传输，其口号便为"知识就在得到"。在这个平台上，众多的名师为大家讲解着深奥高端的知识，让大家的眼界得以开阔，更能通过这些名师的讲评，对于发生在身边的故事有更深刻的看法。比如《十大问题谈谈经济学的作用》《刘润快问快答》《清华五道口老师余剑峰来了》，各个主讲人都用自己不凡的见解，与听众的思想产生激烈的碰撞，让听众从知识中得到思想的升华。

宁静如水的睡前讲述

相信每个人在孩童时期，睡前最愿意让自己的父母给自己讲个故事，在父母温柔的声音里，在故事温暖的内容里，在自己快乐的想象里，进入梦乡。有声节目世界里，给予孩子们宁静如水的睡前讲述也有很多。喜马拉雅 FM 儿童热播榜第 3 名、播放量超过 5.4 亿的《晚安妈妈睡前故事》就是其中非常出色的一个。晚安妈妈的主播，是一级播音员，童话作家。

节目的内容非常丰富，故事非常有启发性，寓教于乐，有关于儿童安全教育的，有关于搞笑的，有关于科普的，覆盖面非常广，对于小朋友帮助很大。节目最重要的一个优点是晚安妈妈的声音，因为她既是一级播音员，又是童话作家，因此对于故事的内容有充分的理解，也精通用什么样的声音来将故事讲述出来。她的声音非常柔软，非常有亲和力，让人非常喜欢，很多小朋友都是在她温柔如水的声音中，进入甜美的梦乡的。在《晚安妈妈睡前故事》的听众里，还有很多家长，他们是因为陪伴自己的孩子来收听这个节目，而爱上了这个节目的。有的家长在评论区里表示,即使是在午休,也愿意听一下《晚安妈妈睡前故事》,因为主播的声音有很强的治愈性,让人想到了自己的童年。

可以说,《晚安妈妈睡前故事》的成功,很大程度上得益于主播的声音,更得益于其对听众心理的理解,用宁静的声音陪伴听众入睡,间接提高听众的睡眠质量。

对话式的多组声音

在有声节目类型里,广播剧也是深受大家欢迎的一个。这类广播剧为大家呈现的是对话式的多组声音。使用这样的配音方式,可以更好地区分角色,让听众更有代入感,也更容易理解故事的内容。

比较典型的有声节目如《西游记》儿童广播剧是113集的大型全景立体声广播剧,长期居于儿童热播榜前列,音质可以达到电影级,用360度多角色维度演绎,用适宜儿童理解的语言进行再次创作,其故事内容和原著一样精彩。

在这个广播剧里,唐僧师徒四人由四个不同的声音演绎,通过对话来推动故事情节的发展,并且每个角色都形成了自己的口头禅,让小朋友们更容易分辨。如唐僧经常会说:"走!赶路要紧";孙悟空经常会说:"妖怪!放了我师傅";猪八戒经常说:"走,讨斋饭去";沙和尚经常说:"师傅,大师兄说得对啊!"每个人的口头禅都能够将人物的特点充分地展现出来,如唐僧的执着,悟空的火眼金睛与责任心,八戒的贪吃,沙僧的明理。

通过师徒四人的对话，小朋友可以很容易便清楚故事讲的是什么，也更有代入感，能充分发挥小朋友们的画面想象力，寓教于乐，非常值得推崇。

干货 想要为节目成为爆款加码，主播方的发力是事半功倍的。首先，优质的主播自带流量，给节目打好先天的粉丝基础。第二，优质主播的特质与节目目标的契合可以让节目收到远超预期的效果。最后，也是最重要的一点，要时刻注意原音的使用是否侵权。因为一旦产生版权纠纷，前期所有的努力和付出都会功亏一篑。

领略 FM 配音的魅力：余音绕梁

《盗墓笔记》与有声的紫襟

《盗墓笔记》是作家徐磊（笔名南派三叔）所著的盗墓题材网络小说。《盗墓笔记》最早于 2006 年连载于百度《鬼吹灯》贴吧（《鬼吹灯》为国内第一部以盗墓为题材的网络小说），之后在起点中文网上连载。在作品连载期间，《盗墓笔记》积累了巨大的网络人气，很快以实体书形式出版，并在出版后长期占据国内各大图书销售排行榜前几名。2009 年之后，因为和北京磨铁图书公司签订了图书出版协议，《盗墓笔记》不再在起点中文网上首发连载，但小说在网络上的影响力依然不减。2011 年底,南派三叔凭借《盗墓笔记》系列图书获得了1580万元版税收入,登上了由《华西都市》报评出的《2011年第六届中国作家富豪榜》亚军。

正因为有如此高的人气,《盗墓笔记》这个超级IP被开发出很多衍生产品,有声节目就是其中一个。与书本和电影、电视节目不同,有声节目给听众营造的盗墓世界,很大部分要依靠主播不断变化的声音来实现,在展现作品中紧张刺激的内容时,主播会采用紧张型的配音来烘托气氛,让听众的心为之一揪。在为大家展现一些平常性的内容时,配音则以舒缓型为主,让人们以轻松的心态跟进故事的发展,当出现一些比较轻松愉快的内容时,则会选择轻快型的配音,当出现惊险的情节时,则会用高亢的配音,来表达紧张刺激的情感体验,诸如此类。《盗墓笔记》的主播成功地利用声音的技巧,将作品中那些惊险刺激的故事为大家讲述出来,为大家构建了一个二维的有声盗墓世界,给予了"盗墓迷"们一个不一样的艺术感受。

细说《红楼梦》与蒋勋

《蒋勋细说〈红楼梦〉》是蜻蜓FM拥有独家版权的系列付费音频节目,2014年9月上架,将《红楼梦》每一回分为两期讲述,共160期,每期时长70分钟左右,目前累计播放量已达2.4亿次。《蒋勋细说〈红楼梦〉》的主讲人蒋勋是知名画家、诗人与作家,他生于古都西安,成长于台湾。

《蒋勋细说〈红楼梦〉》的成功,离不开背景音乐与主播语声的完美结合。其背景音乐是台湾音乐家王俊雄的《山野幽居》，全曲长七分三十一秒，由二胡和竹笛演奏，其旋律隽永优美，风格古朴儒雅。《山野幽居》分别穿插在每集节目的开始、中间以及结尾处。作为片头曲，在节目每集开始处播放一分二十秒。在中间讲述部分也会穿插几次，例如在第一回上中插入了六次。作为结尾曲，在结束前一分钟左右插入，背景音乐帮助建构了节目的意境。《山野幽居》为中国传统乐器二胡和竹笛演奏，这与《红楼梦》古典文学风格非常契合，深化文本主题的同时还营造了更为深刻的意境，为后面的讲述奠定了氛围基础。并且，《山野幽居》曲调委婉悠扬、风格古朴儒雅，这与蒋勋本人的声音特色——音速较慢、音色醇厚、夹杂些许台湾本地的方言而更具亲和力搭配合拍，不会产生突兀感。蒋勋在节目中细说《红楼梦》中的日常故事，如叙家常，娓娓道来，每每结合自己的人生阅历体验，以饱含情感的声音陪伴听众，建构了一个丰富的 充满浓浓人情味的传播场域，能充分调动听众的想象，去遥想那些深宅大院的传统中国大家族的日常生活细节。《山野幽居》与蒋勋声音配合，不仅烘托出《红楼梦》的古典文本意境，更与蒋勋的声音相互融合，形成了独特的复调效果，营造了一个优雅空灵、动人心弦的"声音大观园"。

蒋勋的讲述聚焦于《红楼梦》的青春本色，将古典文学里的人物青春化、现代化，勾连起听众对青春大观园的"想象"。例如在《蒋勋细说〈红楼梦〉》第一回中，讲到他自己小时候就爱看《红楼梦》，蒋勋说："《红楼梦》是这么好看，好看到你十二岁看它，三十岁又看它，四十岁还看它。在不同的年龄去看《红楼梦》，感受不同，但是都好看……《红楼梦》其实是写青少年的一本书……"蒋勋将《红楼梦》定义为青少年之书，结合自身经历，将《红楼梦》中少男少女特有的情愫和表现一一道来，"林黛玉是十二岁，贾宝玉是十三岁……这些人全部是小孩子，你想想看你家里十二岁的女孩子，十三岁的男孩子在做什么事，他们就是《红楼梦》里的林黛玉和贾宝玉，如果他们超过十五岁就不会这么呆的"，在娓娓道来的声音中，将听众的思绪引向青春，引导他们探寻《红楼梦》的青春之美。

《最美情书》与朱亚文

2018年3月18日晚，《声临其境》总冠军朱亚文，在蜻蜓FM上线了其音频首秀《最美情书》专辑的第一期正式节目——《叶芝致茉德·冈昂》。节目上线首日收听破百万，荣登微博话题榜第3名，用户更是在微博后台留言直呼"耳朵已怀孕""治愈了多年的失眠"。

《最美情书》是蜻蜓FM平台联合朱亚文独家打造的一档文娱类音频内容。节目中，朱亚文将用他时而浑厚、时而深沉的声音，引领听众身临其境地感受丘吉尔、霍金、里根、海明威、约翰·列侬、叶芝、胡兰成、鲁迅、沈从文、王小波等一系列名人笔下的一封封炙热情书，唤起听众那些被时光搁浅了的记忆。

第一期节目，朱亚文就用低沉厚重的嗓音，深情朗读了叶芝写给茉德·冈昂的那首传世经典——《当你老了》：当你老了,头发白了,睡意昏沉,炉火旁打盹,请取下这部诗歌,慢慢读……朱亚文通过对声音的灵活把控以及对情书内容细腻的情感解读,让听众情不自禁为之牵动,跟随他的指引,来到叶芝近旁,仿佛看着叶芝正在朝着他年轻时虚设的时空走去,走向年老,走向爱情,就像是走向一种信仰。最后,他以"他缓缓踱着步子,在一群星星中间隐藏着脸庞"结束首期节目,实力演绎了何为"有故事的声音"。

《糗事播报》

《糗事播报》微剧居喜马拉雅 FM 娱乐热播榜第 5 名,是喜马拉雅 FM 上的王牌娱乐脱口秀节目。

节目氛围轻松欢乐，紧贴年轻人的日常生活。"一手新鲜、劲爆糗事，只在这里。"从周一到周日，七位风格迥异的王牌娱乐主播带来不重样的欢乐体验。从节目的名称就可以看出，这款节目旨在给大家营造茶余饭后的轻松气氛，因此主播的配音都是非常有特点的。他们采用的多是比较欢快的节奏，语气中略带调侃，而且每个主播之间的风格也都不相同，每个人也都能给听众留下深刻的印象。正是主播们具有特点的配音，加上有料的内容，让《糗事播报》登上了喜马拉雅FM娱乐脱口秀节目的王牌宝座。

《防疫总动员》与砖砖小茶几

2020年的一场新冠肺炎疫情，将人们的生活节奏打乱了，防疫在一时之间成为全国热点话题。有关防疫的相关有声节目也顺势推出，以帮助大家了解防疫的相关知识，保护人们的身体健康。在众多与防疫有关的有声节目里，《防疫总动员》立足于儿童防疫知识，以浅显易懂的内容，充满童趣的风格，得到了家长和孩子们的喜爱。同时，主播砖砖小茶几的声音非常有特色，一个人能够演绎多个童话故事中的人物，这也是儿童类节目获得成功的一个重要因素。在儿童类有声节目里，主播的配音特点需要与儿童的心理需求有紧密的契合，我们平时在与儿童进行沟通和交流时，都会不由自主地改变自己的声场，用拟人的、可爱的声音来跟他们说话，儿童节目类的主播也是如此，应注意语调语气等众多方面，让儿童觉得有天然的亲近感，从而更好地接受主播，接受节目的相关内容。

干货 通过分析当前比较火热的主播群体，我们不难发现，他们都拥有自己独特的声音特质，根据这些特质打造了自己的代表作品，拥有了众多粉丝，从而在推出自己下部作品的时候，自然形成了良好的受众基础，形成了良性循环，让有声节目和主播两者的发展形成共赢的局面。由此可见，对于一个有声节目而言，遴选一个优质的主播，是其成为爆款必备的关键一步。

视觉设计：脱颖而出的点"睛"之笔

打造一个爆款有声节目，精准的定位与策划，优质的内容撰写，遴选优秀的主播是最为关键的三个步骤。当上述三个步骤完成之后，爆款有声节目的打造就成功了一大半，拥有了在激烈竞争中脱颖而出的资本。但是想真正地达到成为爆款的目的，脚步仍然不能停下，给有声节目一个亮眼的视觉设计，可以起到画龙点睛的效果。

专辑上线前的设计与包装

在我们打造的有声节目专辑上线前，要对其进行充分的设计与包装，做到精益求精，通过外观设计，将节目的核心要点与独特之处，直观地传达给听众，让它在众多的节目中，能够一下抓住人们的眼球，吸引注意力。一般来说，进行专辑上线前的设计与包装需要注意几个方面。一是对于不同风格的节目作品，其封面和详情页的设计需要特别对待，确保设计风格与内容相协调。二是要把握文案的几个基本要素，通过精心的提炼，将其转化为视觉传达语言。三是要掌握封面与详情页设计的一般规律与方法，为二维的有声世界献上特别的视觉感受。

不同风格专辑的封面与详情页设计

有声节目专辑的封面与详情页，是其留给听众的第一印象，能否吸引听友的目光，封面与详情页设计是否精彩至关重要。目前的有声节目类型众多，根据内容的不同有很多的划分，而不同类型的有声节目，其封面与详情页的设计风格是各有特点的，在进行封面与详情页设计时，需要牢牢把握这一点，否则就得不到自己想要的效果。根据节目内容的不同与相似性，从封面与详情页设计角度，大致可以将有声节目分为科技与IT类专辑，人文、情感、娱乐类专辑，国学、历史、文艺类专辑，音乐、儿童类专辑等。下面就根据不同类型的分类，带大家一同了解在封面与详情页设计中应该把握的要点。

科技与IT类专辑

在众多有声节目类型里，科技与IT类是不得不提的一个，这类节目给人的印象是十分深奥，让人可以从节目中感受到科学技术带给我们的震撼。对于这样的节目，其封面设计与详情页设计的总体风格特点是炫酷风、科技感、未来感、大数据。而实现这个总体风格，需要从封面与详情页的背景颜色、元素选择、空间布局上多做思量。比如需要选择一种具有科技感的、炫酷的背景色，在上面点缀线条、光效、网格、数字、代码、星球、未来空间元素等具备未来感的要素，并且要让这些要素看上去很有条理，不显凌乱，因为科学技术需要的是理性和逻辑。

我们可以从一些热门的科技与IT类有声节目的封面设计与详情页中看出，这些设计的背景色，色彩饱和度都比较低，总体风格看上去比较沉稳，比较理性。组成的要素也比较简洁，但是有趣。如IT科技热播榜第1名的《TECH星球联播》、第3名的《科技行者 极客情报站》。《科技行者 极客情报站》用深绿构成背景的主色，用白色字体和绿色背景，或绿色字体白色背景，进行反衬，给人非常幽远、有深度、值得探索的意味和感受。除了背

Tech星球联播
互联网科技新鲜资讯

极客情报站|科技行者·固定点
快人一步,知晓天下重要科技事!

景色，科技与 IT 类有声节目若使用一些比较常规的字体，如黑体、宋体等会显得更加正式，一般也更符合节目的定位与特征。当然，如果能对字体进行设计，增加节目的趣味性就更好了。比如 IT 科技热播榜第 7 名、高迪传媒出品的《36 氪·8 点 1 氪》，就在科技基础上，融入了很多有趣味的元素，使得整个画面充满科技和探索意味的同时，显得生动有趣。

人文、情感、娱乐类专辑

在当前的有声节目里，人文、情感、娱乐类占据了很大的一部分，拥有的粉丝与受众也是最多的。在封面设计与详情页设计中，这些类型的节目可以归纳为一个风格考虑。

上述节目类型的受众大多比较年轻，而节目的内容与人们的生活比较贴近，精彩纷呈。因此这类节目的整体风格可以比较张扬，惹人注目。如在背景色的选择上，就可以用多种颜色搭配，让画面的色彩更有层次感，同时背景色的饱和度和纯度要比较高，给人一种鲜艳夺目的感觉，在字体的选择上也可以采用多元化的方式，不一定都使用一个字体，重点的词句可以换一种表达方式，让人印象更加深刻。

我们以蜻蜓 FM 独家首发的《命里有毒》为例，专辑的封面与详情页的色彩均比较鲜艳，尤其与科技类专辑的封面相比，差异是比较大的。封面整体的风格都比较张扬，背景色的色彩艳丽，元素较多，但这些色彩均能够实现有机的统一，封面中使用了清代女子侧颜的手绘形象、官服元素等，在字体设计里，突出了"命里有毒"四个字，让节目的主题凸显，也容易勾起听众对于古代女子生活的遐想，从而达到节目的目的，让更多的人参与到节目中来。

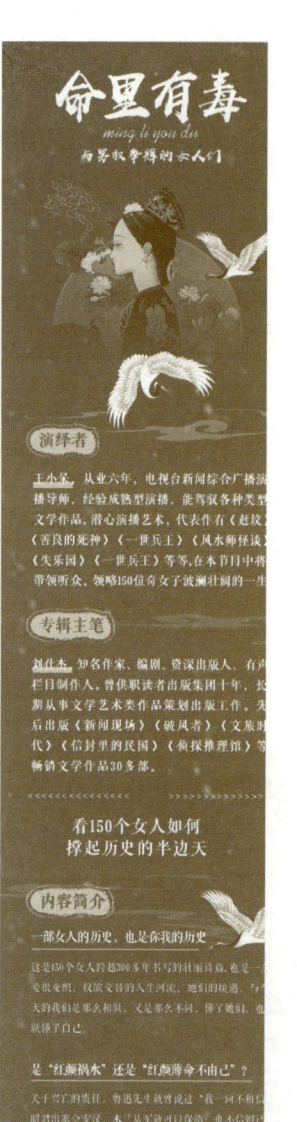

国学、历史、艺术类专辑

国学、历史、艺术类,也是深受大家青睐的有声节目类型。这类节目让听众领略了中华民族及世界各地的优秀文化,陶冶了人们的情操,提升了人们的修养。这些节目在封面设计与详情页设计中,也透露着浓浓的艺术气息。

这类节目的背景色都比较雅致和简洁,不会像科技类作品那样炫目,也不会像娱乐类节目那般张扬,这些节目的封面设计本身就要像对待艺术品创作一样。除了背景色的考虑外,封面元素的选择也是非常重要的。如节目类型是讲述中国的历史及艺术,那么搭配一些人物形象和印章、山水画、墨迹、扇面、园林窗格、古纹样、祥云等传统中国元素,就能够让观众直接感受到作品沉重的历史感和文化感,如位列喜马拉雅FM历史类口碑榜第2名的《大力史》、位列喜马拉雅FM历史类口碑榜第15名的《听不困的佛教历史》;若是国外题材的此类作品,那么就需要搭配上相应的外国元素、人物形象,让人们感受到异域的风情,如位列喜马拉雅FM历史口碑榜第21名的《日本战国霸主:德川家康》。在字体的选择上,历史类专辑可以采用中国书法、无衬线字体,给人赏心悦目的感受。

我们可以以名次持续上升的、位列喜马拉雅FM历史新品榜第21名的《鬼谷子:经典国学必听课》为例,领略一下此类作品封面设计的艺术魅力。这个节目讲述的是鬼谷子的谋略全篇,鬼谷子是我国历史上一位高深莫测的大家,其无所不通、无所不精,门下弟子对于当时中国历史的进程也产生了深远的影响。节目的封面整体是一个鬼谷子的画像以及八卦的图案。众所周知,《易经》八卦是我们中华民族的优秀瑰宝,将鬼谷子的画像与八卦结合,将其谋略全篇为大家娓娓道来,让人充满了遐想,也充满了对优秀传统文化的自豪感。在背景色上,封面设计并未用到艳丽的色彩,而是选择了暗蓝色,节目的封面采用这样的背景色,与其内容更加贴合。在构图上,给人厚重和沉稳的感觉。

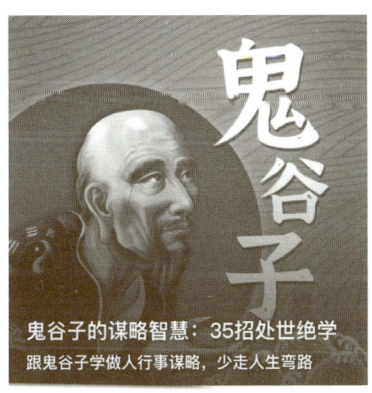

音乐、儿童类专辑

音乐、儿童类节目的封面及详情页，给予听众的应是轻松的、充满乐趣的情境。因此这类专辑的封面设计和详情页设计与上述几种类型就更不相同了。在背景色的选择上，该类专辑应该多注重暖色调的使用，从而给人形成一种软萌、卡通的感觉，这样会更加贴合听众的内心。在点缀元素的选择与使用上，则要多采用手绘或矢量元素，给人更加亲切的感受。在字体的选择上，则要更多地使用一些少年字体、手写字体、卡通字体等，让整个封面与详情页的设计充满童趣。

我们可以从《米小圈上学记》和《寻找理理恩龙》中，感受一下儿童类节目封面设计的魅力所在。从整体风格看，《米小圈上学记》让人有忍俊不禁的感觉，尤其是封面中米小圈夸张的面部表情十分滑稽，这与节目的定位"一份提前了解小学生生活的爆笑手册"是十分吻合的，快乐应该是小学生生活的一个主题，这样的封面十分具象化，可以一下子抓住小朋友们的眼球，激发他们的收听欲望。

在色彩选择上，整个封面都给人一种暖暖的感觉，再辅以手绘的人物形象和字体，软萌的气质跃然于眼前，相信无论是孩子的心，还是孩子家长的心，都会被这个独具创意的封面设计软化，情不自禁地打开收听键来一探"爆笑手册"的究竟了。同样，在《寻找理理恩龙》中，封面为小朋友们构建了一个神奇的恐龙世界，很容易诱发小朋友一探究竟的好奇心理。

我们还可以看一下讲述森林王国发生的系列故事的《淘淘奇遇记》《防疫总动员》，这一系列封面是手绘的。专辑封面就向小听友们展示了一个充满想象力的世界，可以说是童趣十足。

时尚生活、达人推荐类专辑

时尚生活、达人推荐类专辑的封面与详情页设计，整体风格突出的是热闹，使用人物、彩妆、夸张造型灯这类鲜艳夺目的元素，使得整个封面看起来精神抖擞，丰富而饱满，通常画面也比较满，不像简洁文艺类那样留白很多。在这样的封面及详情页设计中，文字和画面风格要相辅相成，把整个画面充实起来，给人

营造欢快热闹有诱惑力的氛围。如位列喜马拉雅 FM 时尚生活口碑榜第 3 名的《头号玩家》、第 11 名的《服饰搭配|精致女人的形象必修课》、第 22 名的《上海 80 后》。

基本文案元素

在了解并确定封面和详情页的整体风格后，设计文案便成为接下来的关键工作，对于任何产品的营销而言，文案都是核心竞争力，一个好的文案可抵千军万马，在营销领域，处处充满了优秀文案带来巨大成绩的传说。那么,如何将封面设计的文案做得出彩呢?

首先,是将文案的要素进行提炼。提炼文案的元素,是写文案的一个最基本要点,文案的元素往往决定了写出的文案好坏。想要写出一个好的有声作品封面设计文案,前提是必须要足够了解这个节目,如果只是凭借空想,把作品的基本功能平白直述地表达出来,那效果一定会大打折扣。只有对所书写的文案对象进行充分的了解,才能用文字将情感表达出来,否则只能是"自嗨"。

有声作品的文案创作涉及文案对象的主要功能、基本定位、受众群体、解决痛点、写作背景(如节日、政策、用户情感等)。我们可以用一个其他类产品的文案营销来举例,如"江小白"的一个文案,"最想说的话在眼睛里、草稿箱里、梦里和酒里——江小白"。这个文案的基本定位为"情感",文案对象的主要受众群体,选定为需要倾诉的人,主要是那些在城市中奋斗的、疲惫的却怯于直接表达情感的人,他们经常会遇到"如在眼睛里,却开不了口,在草稿箱里,却没有勇气发送,在梦里,是因为白昼的无比思念以及现实的不可触及",最终,文案将酒作为承接主体,深度地融入场景中,解决了受众的痛点,或让酒帮他们鼓起勇气去表达,或让他们借酒消愁以忘却,或让他们以酒会友去消解……对于有声节目封面设计及详情页设计的文案也是如此,<mark>一个好的文案需要深层次理解主体的文案元素,并提炼出关键点,结合文案背景表达文案痛点内容。</mark>在写作文案没有具体执行思路时，不妨将文案进行拆分，用文案元素点去代替一整段内容将会更容易写出想要的文案。

其次，是要学会组合文案元素。在进行文案创作的时候，将文案元素提炼出来，可以奠定文案创作的基础，那么紧接着的关键工作，就是将这些元素进行有效的组合。这里需要特别注意一点，那就是在组合的时候，需要看一下文案的要素与一些节日和热点是否匹配，不能为了热点而热点，导致将自己的招牌砸烂。因此，在进行文案组合的时候，定位是非常重要的。有声节目里的一些文案，可以定位为科技化、文艺化、娱乐化，可以天马行空，但切忌低俗恶搞。情感类型的文案，则可以容纳雅俗一体，可以急速飙车，但切忌一板一眼，生硬表现节目内容。同时文案主体所带来的功能体验是文案的最基本元素，如果只重视文案的"嗨聊性"不考虑实用性，也会让用户在情感上产生定位偏差甚至是厌恶。总而言之，组织文案元素的中心点在于文案的基本定位，之后是以文案的主体功能为文案的连接点，以文案的背景为文案烘托整体气氛。

再次，是要表白文案内容。表白文案内容，可以说是文案中最简单的，但又是最难的。说它最简单是因为，当我们的前期工作准备得十分充分时，只需要将这些准备用适当的文字凝练地表达出来就可以了。说它最难，是因为需要满足绝大多数用户的需求。要让每个人都看懂我们写出的文案，并将其代入文案的体验感当中。因此，<mark>文案的表白一定要写得直白，因为直白的文案，能让用户更加容易听懂，也更利于我们的文案把控用户的情感。</mark>

在这里不得不提到的是情境化文案，这类文案很容易让创作者陷入"自嗨"型阶段当中，对于文案有一定了解的人，或许会将自己代入这个情境当中，但是对于想要通过文案来了解有声节目内容的人，只会有三种感受：写的是啥？要表达什么？我的关注点在哪？要理解这个问题，我们可以举一个生活中比较常见的例子。如一个水果市场中卖橘子的文案，一个比较有文化的商家，在自己的橘子上放着一个巨大的广告牌，上面写着自己以为非常漂亮的文案："甜过初恋。"乍一看是非常有意境的。另一个商家则是在自己的文案上写着"薄皮橘子，个大味甜，五元四斤"。可想而知，人们一定会去购买第二个商家的橘子，使得其销量超过第一个商家。这就是因为第一个文案陷入了"自嗨"型陷阱当中，"甜过初恋"用词的确很文艺，但是要结合文案的实际情况和定位。一般来说，在水果市场买橘子的，都是以利益为先的、少有浪漫主义情怀的买家，而且"甜过初恋"的内容和痛点，也只能是针对少部分人群，以价格为痛点的文案，则是针对所有人群。人们可能非常欣赏第一个文案的新鲜，但是也仅仅是欣赏，不能解决实际的问题。而第二个文案虽然没有什么艺术性可言，但却牢牢抓住了橘子的定位和用户关注的点。

有声节目的文案也可以从中总结出经验，那就是写文案不一定要华丽，但用语一定要通顺，让人一读即通。内容不一定要看起来高深，但却不能有歧义，用一些顺口溜方式的文案，其实最能达到传播的效果。

最后，是要直击用户情感。直击用户情感是一个文案水平的升华阶段，也是前三个要素掌握后的最终结果，直击用户情感的时候，需要掌握以下几点：

<u>一是既要照顾用户的情怀，但又不能过度表明作品文案的优点</u>。对于文案优点的过度表达，会降低人们对于情感的代入，让人"出戏"。因此，与其鼓吹文案主体，不如表达文案的侧面，也就是用户的痛点，并且将它表现得全面一些。仍以商品的文案为例，一个减肥产品的文案，人们想要看到的不是减肥效果怎样，能给自己带来什么好处，这类文案能够打动人的，是肥胖会给人们带来怎样的伤害，对于文案的观看者来说，他们不需要文案中说的那些不知所谓以及遥遥无期的内容，他们关心的是一个产品是否了解他们现在的问题，并且能否给出解决的办法。文案情感打动用户心理的不是产品，而是痛点。

<u>二是要用最简洁的语言说明产品可解决的痛点问题</u>。对于一篇过长的文案，没有人会花费大量时间去阅读，所以要在短字数和短时间内尽快表明，这个产品是可以帮助用户解决问题的。有些文案内容冗长，但是全篇没有一个关键点；有些文案很有趣，但是也仅仅是有趣；有些文案很深情，但是却太直白。这些都是弊端，在进行文案创作的时候，必须要控制内容的长度，不让人们产生疲惫感，做到恰到好处地将文案主体展示给大家，这是一个优秀文案的必备素质，文案情感，是将精华展现给大家。

<u>三是虽然文案的情怀引入能够取得很好的效果，但是前提是文案主体真的具有情怀</u>。如果一个有声作品的文案，没有一些前期情感要素的铺垫，或者这种情感要素不符合有声作品的定位，

那么同样会让用户产生疑惑。情怀不单是用文案体现出来的，更重要的是文案主体需要有自己的故事，能够承受得住情怀。

仍以商业为案例进一步说明。当我们进入一个古色古香的酒馆时，看到酒馆的背景墙上，展示着这家店成长的故事，我们会觉得是比较有趣的；但如果我们到一个比较现代的饭店，里面有 AI 机器人帮我们点餐，而背景墙上仍然是一些古老的故事，那么我们就会觉得比较违和。这就是文案的内容和店内的气质不搭配，用户就很难与其产生亲近感。所以说，文案情感最重要的不是内容，而是是否符合内容。

总而言之，成功的文案对任何产品营销都具有很好的作用，对于有声节目的设计包装也是如此，创作一个出彩的文案，就能够给节目夺睛增添重要的砝码。

封面与详情页设计

确定封面与详情页的风格，以及文案的相关内容后，掌握其设计技巧，就成为下一个重点考虑的环节。

对于有声节目来说，封面与详情页的设计，需要达到如下的一个逻辑关系。第一，吸引用户的注意，留住用户，实现这一目的，需要在封面和详情页中体现节目的痛点、优势、卖点。第二，要提升用户的兴趣，在设计中，能够体现出节目的属性、特点和知识。第三，建立信任，树立用户对于节目的信心。第四，用户进入节目，用优质的内容使用户留下来，成为粉丝。

了解了封面及详情页的设计逻辑后，就可以在此基础上进行下一步的工作，这里需要把握三个原则。**第一，让信息图像化**。有研究表明，人的大脑对于文字的处理是循序渐进的，能够同时被记住的内容只有20%，而大脑对于图片的处理方式则不同，可以记住的内容有100%，因此对于封面和详情页的描述，要尽可能图像化，以让听众有深刻的记忆。**第二，要实现高效表达**。封面设计和详情页设计的内容不要过于臃肿，表达要清晰，要有条理，要简单粗暴，让听众一眼看去非常明白。**第三，要掌握听众最关心的点**。有时候，我们认为听众最关心的地方，却往往并非如此，不同类型的节目，听众关注的地方是不同的。了解这些原则和注意事项后，我们来详细说明一个节目的封面及详情页设计是如何吸引听众进入节目的。

首先，是要吸引听众，留住听众的脚步。要先弄懂听众的需求，找准节目的独特卖点，与其他节目不同的地方，节目在同类型节目中的优势所在。比如文化类的节目，听众关注的可能是主播是谁，主题是什么，自己能够从中得到什么样的信息。对于儿童类节目，听众关注的可能是孩子会不会喜欢，主播的声音能不能起到助眠的效果等。对于某一期节目的封面及详情页设计来说，则可以与热点事情、网络流行、新概念、名人效应等结合，吸引听众的注意。

其次，是要提升听众的兴趣，确认他们的需求。为此，节目的详情页需要将节目的更多属性展现出来，让听众更加了解这个节目的内涵和背景，尤其是节目的理念和特点。这样，让听众一目了然，并在心中与其收听过的其他节目进行对比，能够很容易发现节目与众不同的地方，进一步确定自己对于这款节目的兴趣，确认这个节目是满足自己需求的。

再次，是要建立与听众的信任。有声节目其实也可以看作一个产品，人们在进行产品的选购时，经常参考其他人的意见。如在进行网购时，就愿意看一下其他用户的评论，通过他人的经验来建立自己对于这个产品的信心。对于有声节目来说，可以在封面或详情页上进行一些数据的展示，或一些名人大咖的推介，如多少人都在听的栏目、×××强烈推荐等，让听众对节目更有信心。比如位列喜马拉雅FM教育培训新品榜第1名的《口才三绝　为人三会　修心三不》，就邀请了《演讲与口才》杂志社副主编宋立达作为嘉宾，倾情推荐。

最后，就是如何让听众成为节目粉丝的环节。封面设计和详情页设计，可以通过视觉的效用，将听众吸引到节目中来，但是听众对于节目的评价如何，节目能否深深地吸引听众，让听众成为节目的铁粉，并自愿将节目推广给更多的人，扩大节目的影响力，其中的关键又回到了之前的三步，那就是策划定位是否准确、节目内容是否优质、主播遴选是否得当了。所以说，这几步都是环环相扣、有机联合的，走好每一步都不可或缺，若是前三步走得不稳，即使封面设计和详情页设计得再出彩，视觉效果再吸引人，最终也只能是空中楼阁，被听众所抛弃。

干货 有声节目专辑上线前的设计与包装是其取得成功的必备条件。通过精心的外观设计，可以将节目的独特之处传达给听众，吸引人们的注意力。节目的风格不同，封面和详情页的设计也要与之匹配，设计过程中，还是要通过精心提炼文案要素，进行有效组合等，确定一个亮眼的文案；同时要掌握封面与详情页设计的一般规律与方法，力争让节目封面的视觉感受非同一般。

主播账号的吸"睛"大法

除却节目本身的封面及详情页设计吸引听众的目光外，主播的账号对于节目的推介作用也是不容忽视的。许多主播自带众多粉丝，当主播账号利用得当时，也会产生非常不错的效果。那么，主播账号应该如何发挥吸"睛"大法呢？

用 MCN 个人页轮播图引发点击

在许多有声节目平台上，主播的个人页轮播图都在站内占据了核心资源位置，而想要引发人们对于个人页轮播图的点击，就需要这个页面的设计有深厚的功力。

一般来说，影响素材点击率的，除了文案就是素材的样式。想做一张首焦图很容易，但想做出点击率高的图，却非常考验设计的功力。在进行个人页轮播图设计的时候，需要把握三个方面的要点。第一个要点，那就是个人页轮播图的颜色要简洁，一般不要超过三种，否则就会给人主次不分、眼花缭乱、没有重点的感觉。第二个要点，对于个人页轮播图来说，无论主播选择什么样的类型专辑，其图面设计的色彩都需要保持很高的饱和度和纯度，让其轮播页具有超强的辨识度，让人们在众多页面中能够注意到它。第三个要点，对于主播的轮播图来说，其核心和主题是文案，只有文案做得出色了，这个轮播图才可以称得上成功，其他的要素，无论再怎么出彩，也只是起到辅助性作用。

只有文案能够吸引人们的眼球，点击率才会高。

用专辑焦点图与弹屏图引发关注

对于有声节目的主播来说，焦点图与弹屏图的应用也非常关键，在很多有声节目平台上，焦点图都占据站内的核心资源位置，位于各个有声平台主页的最上部。

在人们打开这些有声平台 APP 后，展现在眼前的便是平台推荐的栏目，人们进入平台之后，若是还未想好应该选择收听什么样的节目，那么焦点图在这个时候就起到了关键的作用，人们都会不由自主地对平台推荐的内容有一定的倾向性，尤其若有著名的主播或嘉宾作为加持，更会为节目增色不少。

以《钟伟的买房必修课》为例，在人们的日常生活里，买房永远是绕不开的一个话题，而当你在选择节目的时候，突然发现焦点图中有一个业界有名的大咖，用一个关键词就可以告诉你买房需要哪些必备知识，心中定然会有所波动，打开节目去收听也就成为自然而然的事情了。

除了焦点图，节目的弹屏图也是吸引观众的一个很好的手段。弹屏图是指打开网页的时候自动弹出的窗口。在众多有声平台中，弹屏图的主要作用是活动和专辑海报。在听众将节目暂停的时候，平台就会推送一些弹屏图，向大家推介一些最新的专辑，或者是平台举办的各项活动，当弹屏图的设计及内容非常有料时，就可以充分吸引听众的关注了。

不管是焦点图还是弹屏图，它们的内容都是由文字和图片组成的。其中，文字是核心内容，通常为两句，也就是痛点问题＋方法论指引，从而激发用户的好奇心。

用有趣有味的文案引人入胜

从大数据的分析中发现，点击数据较好的焦点图和弹屏图，都有一个有趣有味的文案。这些文案，在创作的时候有一定的规律可以遵循，一般来说需要做到以下三点。第一，情境思维。将自己想象成用户，利用用户熟悉的场景，为用户营造代入感，从而为用户提供具体的解决方案，而不是仅仅采用泛泛而谈的大标题。如制作一个理财课程节目的文案，如果文案是"从柴米油盐到儿女教育，一张图搞定家庭理财方案"，或者"手中股票卖了就涨，不卖却跌？破解理财魔咒有妙招"，给人的感觉就是比较平淡，没有很强的吸引力，没有一个具体的方法或洞见来让用户产生兴趣。出现这个问题的原因就在于没有使用代入思维，自说自话，没有站在用户的角度上考虑事情。若是修改为"巧用××法，教你决策何时卖股票"，这样就会比较有吸引力了。因为这是具有具体方法和洞见的文案，而且能够体现节目课程的核心特点、与众不同的卖点。

再以某教大家赚钱的节目为例,若是文案为"怎样能拥有自己喜欢又挣钱的项目",虽然有一定的吸引力,但是仍然未能找到听众的痛点,那就是赚钱的目标能在多长时间内实现,由于没有回答这个问题,让人觉得冲击力不足。若把文案内容改为"10周让你拥有更强赚钱能力",则可以体现节目最大的卖点,那就是在有限的、可以量化的时间内如何实现财富的增长。

第二,有趣有料的文案套话要少一点,否则无法传递文案的核心价值。那么什么是套话呢,套话也就是公式化的言论,是"放诸四海而皆准"的话语,这样的话在任何节目里都可以用,而且没有什么信息含量,通俗点说就是废话,套话是不能将节目的核心价值点体现出来的,因此,在做文案的时候,要切忌使用套话。比如"找名师,做家教,帮助学生提升快"这类文案内容,对于任何类似的节目都是适用的,不能体现节目的特点。假设主讲人是国内著名的文化学者,是众多中华文化类节目的座上嘉宾,他深厚的文学底蕴和温文尔雅的谈吐,得到了众多听众的喜爱,那么节目就应当以主讲人为核心亮点,这样文案就会非常出彩,但是用套话的方式,就拉低了节目的整个层次,无法起到夺取大家注意力的作用。

第三,进行文案设计的时候,还有一点要注意,那就是要适合使用手机观看。现在的有声节目,都是依赖于移动互联网设备,也就是手机而传达到受众的,所以文案设计的成果,必须要符合手机用户的观看习惯,字数要少,字体要大,呈现最核心内容。很多失败的专辑就是因为字数太多,让人看上去觉得比较混乱，无法在第一时间了解节目想要表达的内容，而且因为字数较多，所以字体都差不多大小，没有做到层次分明，重点突出，若你是听众的话，也无法被激起很强的兴趣。因此，就需要把字体变得大一些、醒目一些，去掉一些无关紧要的套话，突出讲授者的资历与能力，让人一眼感觉到节目的主旨是什么、核心价值是什么，自然就可以激发人们的收听兴趣，文案也就可以称得上成功了。

发挥风格、色彩与构图的细节魅力

对于专辑的视觉传达效果而言，色彩与构图是发挥视觉魅力的重要表现手法，对于整个作品的"点睛"意义重大。做好这一步，就需要对构图和色彩的灵活运用有丰富的经验。

首先来说构图，在进行构图设计时，需要把握三件事情。第一，要确保构图的整体性，让其具备立体感，不能平平无奇；第二，我们可以看到很多构图都会增加一些特殊的效果，尤其是以阴影为多，这里并不建议采用，即使采用，**阴影的厚度也不宜过大，不要离主体太远**；第三，图中的各个元素，要有秩序感，对齐的形式是比较可取的，这样会让画面整齐划一。在实际运用过程当中，我们通常以文案和图标位置为依据，采用如下构图类型。

第一个方式，叫作3∶1构图。这是视觉传达领域一个公认的、推荐度很高的构图方式。当进行文案的排版却又不知如何下手时，3∶1构图是一个最好的选择。我们都知道黄金比例分割，3∶1构图就是遵循了这个原理，我们可以将人物或者素材放置于图片的 1/3 处，左右皆可，将文案放置在图片的 2/3 处，这样呈现的效果一般都是非常不错的。

第二个方式，叫作左右构图。在这个构图中，就是人物、物体等素材和文字按照 1∶1 的比例进行排版。这种构图非常适用于文案比较短的图片，尤其是当我们选择的素材都拥有很高的颜值，而且这些素材拥有强大的影响力时，考虑这样的排版是非常划算的。

第三个方式，叫作上下构图，通常的表现形式是上字下图。上下构图比较难以掌握，当一个图中需要展现非常多的人物或元素时，一般会采用这种构图方式。

第四个方式，叫作左中右构图。这种构图相比左右构图版式更具丰富度，但更加难以把握。使用这种构图，一般是图片上出现了两个人物或元素，或者在一个构图中，想要重点突出某一人物或商品时，也使其居中后把文案放在两侧。

第五个方式，叫作文字居中。图片作为背景起装饰作用，或者没有图片素材。常见于文案内容比较抽象、不适宜或者不需要用图片素材表达画面内容，或没有一个代表性的图片素材作为画面主体的情况。

完成构图之后，对于其他细节也要有精心的设计，主要包括背景的填充、文案字体的选择与排布、点缀物的设计、配色四个方面的内容。

首先，来看背景填充。背景填充的核心要点在于色彩的运用。对于想要体现简洁、干净、素雅、有意境或有高端感的作品，我们可以用纯色进行填充,从而达到上述的视觉效果。对于其他作品,一般会选择一些复合色进行填充。背景色的填充方式,我们可以选择渐变式。渐变填充的背景因为色彩丰富或富有变化,能够呈现出一种梦幻感、时尚感,青春活力,较有感染力,但渐变的颜色最好是同一色系,且对比度不能过于抢眼。

在背景色填充中,切割型背景也是比较常见的类型。色块和图片的分割背景设计,能够增强文案的表达力,对文案有突出表现作用。对于一些特别的场景,我们还可以用摄影照片作为背景,以突出主题,让文案配合照片画面,文案与背景能较好地融在一起,有意境,引人入胜。在使用这种方式的时候,注意特别场景照片的版权问题。还有的背景采用的是合成场景的方式,合成场景虚实结合,有代入感、设计感,能更好地烘托主体,增强表现力,展现出的效果也是非常令人满意的。

其次,进行细节设计时,需要做好文案的字体选择与排布。通常来说,文案有如下三类字体可以选择。一是衬线字体。这类字体在笔画开始和结束的地方都会有修饰的部分,总体笔画的粗细不同,如宋体。这类字体适合体现出文艺感、古典感、品质感、传统文化感等。比较推荐的衬线字体有宋体、华文中宋、方正清刻本悦宋简体、汉仪新蒂唐朝体等。二是非衬线字体。这类字体与衬线字体相反,没有修饰部分,且总体笔画粗细差不多。这类字体比较常见,适应性很强,可以用于任何风格,比较简洁、大气、时尚。比较推荐的非衬线字体有苹方简体、本墨锋悦一常规等。三是毛笔字体,也就是手写体,对于一些具有古色古香文化气息的文案，使用毛笔体是非常合适的。比较推荐的几个字体有汉仪尚手书、方正字迹—叶根友特楷简体、方正字迹—彦辰清酒简体。

在文案的排布上，一要做到标题突出、层次分明。文案的主标题要醒目且易识别，字体要大，颜色要鲜亮，主次要清晰。二要灵活应用对齐方案，将左对齐、居中、右对齐、两段对齐、无规律等方式了然于胸，按照实际情况采用。由于一般人的阅读习惯是从左到右的，所以一般遵循左对齐原则；同时，我们可以根据实际情况进行调整，右对齐有时更能起到平衡画面的作用，能增强一定的设计感；居中对齐则有一定的对称美，能突出中心；两端对齐能使大段文字显得规整，提高阅读体验。三要做好字体的混排。通常来说，文案的字体不宜超过三种，且在选择字体时，主文案要选择识别度较高的字体，以提高用户阅读体验。四要注意字距与行距的排版，若是间距排布得太平均，容易显得画面死板，字体离得太近，显得拘谨，离得太远，又容易显得分散，但太过不平均也容易显得凌乱，所以要根据主题调整把握尺度。五要进行字体的特殊处理，如加粗、倾斜、斜切、3D等，这能强调重要信息，增强氛围，提升空间感。六要区分主副标题，主标题要醒目，副标题要做好辅助，两者之间的大小比例要协调，副标题不能失位，也不能越位。

再次，点缀物设计也是做好细节设计的一个重要方面。对于文案来说，点缀物并不是一定要有，但许多图片都会用到点缀物，用对了点缀物可能会取得画龙点睛的效果，当然若是觉得不够熟练，没有把握，可以暂时不去考虑。

比如，点缀物设计可以为图片添加阴影效果。阴影的作用，是用来增强人物、字体或素材的立体感和空间感，让一张图不会变得过于平面，但阴影距离主体不宜过大或过远。

点缀物设计可以采用增加插图的方式，这样会让整体效果显得更加生动有趣，提高画面的丰富度。点缀物设计可以在画面中增加"点""线"元素。这类方法的运用比较常见，"点""线"元素的加入可以丰富画面，制造氛围。如"线"元素的加入能起到分割、强调的作用，形式感强。有时在适当位置加入"线"元素还能填补画面空白，起到平衡画面的作用。点缀物的设计对于突出某个文案能够起到很好的作用。如加底框、加线条等，让文案变得更加醒目。

最后，好的细节设计离不开精致的配色。配色的方法也有很多，一般我们都使用以下几个：

一是从背景色人物衣服上提取相近色、相同色或进行变深变淡处理，或进行饱和度和明度调整处理。这样能让画面的整体感比较统一，不会出现突然跳色的问题，让人们看起来很突兀。

二是运用互补色。互补色是指在色谱中一原色和与其相对应的间色间所形成的互为补色关系。原色有三种，即红、黄、蓝，它们是不能再分解的色彩单位。三原色中每两组相配而产生的色彩称之为间色，如红加黄为橙色，黄加蓝为绿色，蓝加红为紫色，橙、绿、紫称为间色。红与绿、橙与蓝、黄与紫就是互为补色的关系。由于补色有强烈的分离性，故在色彩绘画的表现中，在适当的位置恰当地运用补色，不仅能加强色彩的对比，拉开距离感，而且能表现出特殊的视觉对比与平衡效果。

互补色的意义就是把两种颜色放在一起，形成一种视觉上的对比，比如：红色与绿色，二者放在一起会觉得视觉上有所冲突，但又有所协调；蓝紫色与黄色放在一起则会引起观感的不适。运用好互补色很难，需要积累经验。互补色用得好会使画面看起来很协调。

三是运用渐变色。渐变色是指某个物体的颜色从明到暗，或由深转浅，或从一个色彩缓慢过渡到另一个色彩，充满变幻无穷的神秘浪漫气息的颜色。

渐变色可以让背景具备视觉吸引力。渐变的背景能够帮助用户更好地感知和理解设计。当眼睛感知到屏幕上的色调和明暗变化的时候，会有意识地注意到特定的色彩和视觉焦点。渐变色可以在文本字体中营造焦点。渐变色不仅可以在背景中使用，前景元素同样可以使用渐变。如果将高饱和度的渐变色彩叠加在字体当中，就能够创造出颇为抓人眼球的设计感。不过值得注意的是，在色彩的选取上，一定要有意识地控制对比度，这样才能保证可读性。渐变色的叠加能够让平淡的图片更加出彩，色彩是有情绪的，将色彩叠加到图片上，能够赋予图片以情感和情绪。渐变色叠加在图片上的时候，即使图片本身的素质和形式感并不强，色彩的加持同样能够让整个场景更加时尚。渐变色可以引导视线，故好的渐变设计能够起到引导视线的作用。绝大多数的用户在获取信息的时候，都是从上到下、从左到右来看的，我们常说的 F

式的阅读方式就是这样。渐变色能够产生令人难忘的色彩搭配。虽然渐变越来越流行，但是每种不同的配色方案所带来的体验其实是截然不同的。一些杀手级的配色非常值得长期使用，品牌化的配色也可以让用户更容易记住品牌的视觉特征。

四是进行色彩叠加。单色化处理，个性鲜明，对比度强，能较好突出主题。

五是做好黑白灰处理。对主体进行黑白灰处理，然后与其他色彩进行搭配，可起到调节、过渡的作用。对比鲜明，比较有视觉冲击力。

干货 画龙须点睛，对于有声节目而言，具备了精准的策划定位，拥有了精彩纷呈的内容，找到了别致匹配的声音，这条龙的主要部分已经完成，而视觉设计，就是给节目点上了"龙睛"，为其能够腾飞提供了极大的助力。出彩的视觉设计，需要结合节目的内容，确定符合自身总体风格的封面设计和详情页设计，在这个过程中，文案是一个核心要点，创作一个成功的文案，需要具备很多要素，过程很艰辛，但成功后带来的效果也是非常显著的。除了文案之外，主播个人账号的视觉设计，也能够为节目的火爆提供很好的帮助，如用MCN个人页轮播图引发点击，用专辑焦点图与弹屏图引发关注，用有趣有味的文案引人入胜，发挥风格、色彩与构图的细节魅力，等等。总而言之，在视觉设计这一环节，节目需要多措并举，不但要让大家的耳朵聆听节目带来的艺术魅力，更要让大家的眼睛欣赏节目创造的视觉冲击。

后期加持：玩转BGM进入身临其境的听觉空间

背景音乐可以有效地丰富音频节目节奏，增加音频节目的韵律和动感，在有声节目中起到了至关重要的作用。随着我国经济、文化的不断发展，有声节目的制作水平也在不断地提高，配乐作为有声节目不可或缺的一部分，继续散发其艺术魅力，让其为有声节目增光添彩，是我们每一个内容制作人的责任和使命。

玩转 BGM

是否越多越好？

BGM（Background Music），即背景音乐，也称伴乐、配乐，通常是指在影视剧、有声节目、电子游戏等作品中，作为背景起到衬托或烘托作用的音乐，能够增强情感的表达，让观众有身临其境的感受。好的 BGM 不仅有利于节目输出，还服务于内容，让内容更为饱满、主题更为突出，能对节目起到画龙点睛的作用。如果没有 BGM，音频节目会显得苍白无力，没有办法生动地触动听众的神经。但凡事适可而止，需要把握好度，BGM 也并非越多越好，一档有声节目中的 BGM 太多，就可能会掩盖掉节目本身的内容，效果适得其反。总而言之，BGM 在节目中的运用不在于数量的多少，而是要恰到好处，这样才能起到烘托节目氛围的作用。

是否一定要有？

背景音乐是音频节目中不可或缺的一部分，背景音乐的必要性主要体现在以下几个方面：

背景音乐能够增加节目真实性

背景音乐可以在听众的脑海中勾勒出一幅画面，更容易引起听友的情感共鸣。一段音乐所激发的联想，如果和节目相互融合、相互呼应，可以有效增强现场感，使节目在一定时间和空间上得以扩展，与有声节目以联想为重要支点的特征相契合。

背景音乐能够增加节目主体性

有声节目主要靠主播的声音语言来介绍多维的交织融合，讲述复杂变幻的客观世界，无论多么优秀的主播、多么精彩的节目，它的表现力都是有限的，而背景音乐的介入，能够利用音乐的传播带来立体感觉。因为音乐具有描绘四季更替、阴晴圆缺、喜怒哀乐等功能，而效果声响更能够表达大小、远近、疏密、高低等不同的场景，产生不同的空间效果，让听众根据不同的音乐效果去辨别不同的空间。充分利用调频立体声广播声道的交替及混响、延时等功能，能使节目静中有动、音色俱全，进而达到情景交融的感人效果。

背景音乐能够渲染节目氛围

人类是最典型的情感动物，五官的综合运用可以最大限度地触动人的心灵，在以听觉器官为主参与的音频节目中，音乐可以极大地满足我们的情感。背景音乐对节目氛围的烘托和渲染，在结合主播的声音之后扩展到最大化，增加了节目的感染力。音乐是烘托节目浓烈气氛的关键，可以使用夸张或重复的方法加以渲染，从听觉上支撑节目，使之更丰满、更立体。

背景音乐能够使节目层次分明

众所周知，背景音乐是有声节目中的重要组成部分，它可以给人身临其境的感觉，可以烘托节目氛围，更重要的一点，就是背景音乐能够对节目进行分层，使音频节目层次分明，有效地推动节目向前发展，顺利完成主题的升华。

如果语言无法恰当准确地区分叙述段落，音乐和音响能在情节阐述上进行外在划分，协助主播对节目的节奏进行有效控制。这里的背景音乐，就不再仅仅是一个陪衬品，而是一种有效的语言补充，相当于有声节目段落与层次之间无形的标点符号。

如何挑选，去哪挑选？

背景音乐的类型

有声节目有很多不同的类型，不同类型的背景音乐适合不同的有声节目，随着有声节目的不断发展，背景音乐也在不断发展。大体来说，背景音乐可以分为以下几个类型：

抒情类·抒情类的背景音乐轻柔舒缓，比较适合文学类和情感生活类节目，这类节目一般在夜间播放，如故事讲述、音乐栏目、情感访谈节目等。古典音乐中有很多抒情类的音乐，这类柔美而有力度的音乐，经常用在一些文学类节目或者音乐专题节目的开头，它能将文学和音乐交汇融合，通过烘托情感、渲染气氛，满足受众的情感诉求。像播放量超过 11.2 亿的《十点读书》，播放量超过 17.4 亿、位列人文口碑榜第 16 名的《上官文露读书会》，在主播娓娓道来的讲述中，搭配抒情类背景音乐可让听者在高效读书之余，得到心灵的抚慰和舒缓。

十点读书
抽空读点书，抚慰我们疲惫的心灵

上官文露读书会
节省时间，听懂名著在讲什么

节奏类：节奏类的背景音乐节奏紧凑，能够非常有效地调动听众的情绪。节奏类的音乐多数运用于悬疑类、武侠类有声书或者侦探类的有声节目中。比如喜马拉雅 FM 上飙升畅销榜第 3 名的《天命赊刀人》和《鬼吹灯》，运用此类背景音乐制造紧张气氛，给人欲罢不能之感。特别是主播紫襟的《天命赊刀人》，每一集的背景音乐，都是一道亮丽的风景。再比如《侦探推理馆》的背景音乐，更是贴合节目发展的脉络，节奏张弛有度，情节紧张之处的配乐更是动魄惊心，让听众如临其境。

史诗类：史诗类背景音乐，非常铿锵有力、大气磅礴，能给听者以震撼。这类背景音乐大多运用在纪录类、新闻类、历史类、影视原著类的有声节目中。各个平台中排名非常靠前的历史类有声节目,无不运用了史诗类的背景音乐,以凸显历史原有的严肃性。如喜马拉雅 FM 上播放量超过 3583.5 万、位列历史口碑榜第 11 名的《穿越火线:第一次世界大战》,就深受广大听众朋友的喜爱。

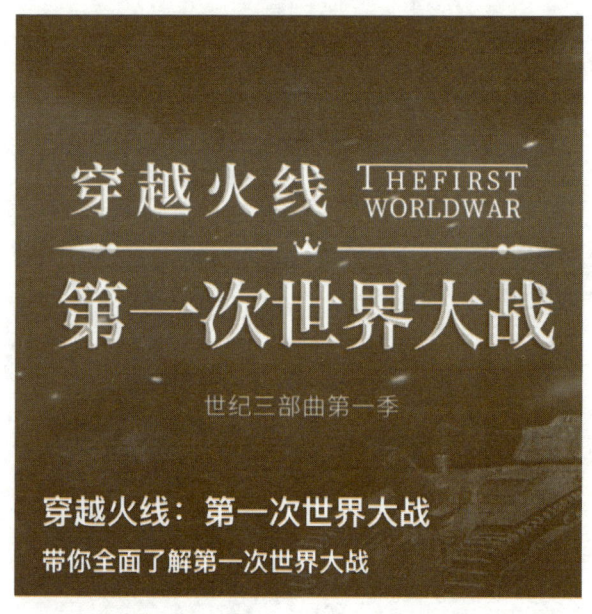

如何挑选背景音乐?

合适的背景音乐一定是和节目本身无缝衔接、相得益彰的。背景音乐的挑选是有技巧的。

音乐要恰如其分,不能喧宾夺主。背景音乐要服务于节目,并非越多越好,更不是越长越好,<mark>要尽量淡化痕迹,起承转合于无形之中</mark>,绝不能让有声节目变成音乐欣赏,干扰了节目主题的表现。

背景音乐的选用要有创新性。随着有声节目的不断发展,有一些固定的、约定俗成的模式产生。固定的模式，往往会禁锢作者的思维，我们在选择背景音乐的时候，在借鉴前人优秀作品的同时，要注意创新思维的培养，要有意识地跳出固有的思维模式。不同的题材在选择背景音乐的时候，要不断地创新求变，选用更加新颖的、类型不同的背景音乐，不断地尝试，大胆地实践，才会擦出新的火花。

正确把握音乐节奏，紧贴节目整体设计。一档成功的有声节目，除了需要完美的节目整体设计之外，背景音乐的节奏也至关重要。正确地把握好音乐节奏，能更好地紧贴广播节目的整体设计。比如旅游类有声节目，在播报旅游资讯的环节，应选择轻快节奏的音乐，帮助受众更好地掌握信息；在天气预报的环节，要选择流畅节奏的音乐，让听众放松地了解天气情况。不管是哪种类型的节目内容，都应把握音乐节奏编排，并在不同板块综合应用。通过不同节奏的音乐合理地引导节目内容，满足听众此起彼伏的情绪要求，同时更准确地反映节目整体风格的设计，使节目流程井然有序。

巧妙选择音乐类型，丰富广播节目听觉效果。有声节目与其他媒体的区别，在于它主要依靠听觉，而非视觉。在有声节目中，除了可以通过背景音乐的美感直接感染受众外，还可以用音乐富于变化的立体感，使听众产生联想。所以考虑受众人群的多元化和差异性的同时，为了丰富节目的听觉效果，必须巧妙选择多元化的音乐类型。首先，在有词音乐和无词音乐之间，应尽量选择无词音乐，因为无词音乐的包容性相对较强，同时可以避免干扰主持人个性化的语言；其次，在民族乐器演奏与西洋乐器演奏之间，首选西洋乐器，因为西洋乐器演奏时，音色的融合度相对较高，可以避免产生喧宾夺主的不良效果。

比如，《温柔予你——小哥哥讲睡前故事》用的是轻柔型的轻音乐，我们在听主播小哥哥用温柔的声音讲故事的同时，又可以听到柔和的轻音乐。《个案说法》用的背景音乐则属于澎湃激昂型，非常适合法律类型的有声节目，让人情绪激昂亢奋，使节目引人入胜。

干货 背景音乐无时不有、无处不在，广泛深入我们生活的各个角落。背景音乐经常用于商场、学校、广场、会场、酒吧等公共场合，用音乐来烘托气氛、酝酿情绪或者指示行为，都可以起到良好的效果。比如隆重的进行曲，适合会议的开始和结束，而动感的音乐，有利于带动消费情绪，则适合商场。一部经典的有声节目，总是伴随着优美感人的背景音乐，有的是专为节目创作的，有的是引用前人的名曲，合理选择和恰当使用背景音乐，能为有声节目增光添彩，合适的情景音乐是一个成功的有声节目的重要组成部分。

玩转互动，培养受众习惯

推送设置，产生依赖感

推送是维持用户黏性的一个绝好的方法，但前提是运用得当。不定点推送、过于频繁推送，都不是正确使用推送功能的做法。

因此，要想真正发挥推送的作用，就需要明确有效的推送方法。

所以，培养用户习惯的第一步也就是要进行推送设置。高效的推送方法能让粉丝产生依赖感，带动自然流量，积聚一定人气，进而在最短时间内提升节目的关注度。如果节目长期定点为用户推送内容，那么久而久之，用户自然就会形成到点查看内容的习惯。

比如，用户对有声书感兴趣，在搜索框中随便搜索一本小说，然后听了一段时间发现主播的声音很好听，故事讲得抑扬顿挫、引人入胜。为了以后收听的时候方便查找，便点击了"订阅"，并关注主播，当听完最新的更新后，还对这档节目意犹未尽。当手机收到这档节目的推送消息以后，便迫不及待地点击收听，长此以往，便会对这档节目产生依赖，会第一时间收听主播的最新更新。

当用户习惯了查看节目推送，也就意味着用户对你的内容产生了依赖。这个时候，你再去宣传自己的节目，也就更容易得到用户的认可，搜索流量自然会越来越多，节目的曝光量也能够快速提升。

另外，定点推送内容的时间，最好选在用户的空闲时间的固定时间。日积月累，用户便自觉或者不自觉地形成条件反射，定时关注推送内容。

标志明确，增加归属感

以喜马拉雅FM为例，喜马拉雅FM节目的分类主要有音乐、教育、儿童、知识和有声书等，每个分类里有很多不同的板块，比如有声书又分为文学、言情、商业、历史小说等不同的类型。

我们在节目开设初始，首先要考虑的问题就是定位用户，这个有声节目是创建给哪些人听的？此节目针对的用户群体是什么？定位用户的过程就是明确节目标志的手段之一。

听众在没有关注一个有声节目之前，打开喜马拉雅FM之后，会根据不同的分类来搜索自己喜欢类型的节目。在设计节目的时候，需要明确这个节目的具体分类，比如节目的受众群体是喜欢听悬疑故事书的听众，那么在节目设置标签的时候，就要把节目设置在有声书的悬疑类别下，只有这样才能最大限度地吸引自然流量，让这部分听众转换成节目的忠实听众，增加听众的黏性和归属感。

比如你想在喜马拉雅FM上完成《标准韩国语2》的学习，除了可以直接在搜索栏搜索"《标准韩国语2》听力"之外，还可以在"知识"板块的"外语"类目里，找到"韩语"这个标签，然后查看和韩语学习相关的有声节目。

提前预告，培养饥饿感

预告是培养受众习惯的重要环节之一，提前预告可以勾起受众对新节目的兴趣，告知听众关于新节目的一些信息，比如开始的时间、以什么样的方式呈现等，提高听众对新节目的期许感，为新节目宣传造势。成功的节目预告可以让节目在开播之初就一步到位，完成新节目粉丝量的积累。

2018年的《大案纪实》获得了很大的成功,取得了点击量破亿的好成绩。《大案纪实》节目的主播吕鹏也因为这档节目在竞争激烈的大案纪实类节目里拔得头筹。在获得一定的知名度、积累了一定的听众基础后,吕鹏又录制了《大案纪实2019——正议人间》,更是圈粉无数。如果你听这个节目,一定能够听到这句话:"节目最后,告诉大家一个好消息,我的会员节目《吕鹏大案纪实:侦破100个真实悬疑案件》即将重磅上线,点击本期声音简介的专辑名或在喜马拉雅FM搜索'大案纪实'即可找到,精选100个最新国内外知名案件,悬疑烧脑再升级,带你解锁人性密码。"并且,主播还在其主页的声音简介里,为这档新节目做预告,使得这档节目开播即高潮,获得了大量的听众关注。《吕鹏大案纪实:侦破100个真实悬疑案件》获得成功的主要原因之一,便是吕鹏对这档付费节目不遗余力的节目预告,培养了听众对新节目的饥饿感,吸引了大量的听众。这档新的付费节目最终取得不俗的成绩。

再比如主播有声的紫襟是实力排行榜第1名的主播,我们点开他的主页,发现他的节目基本上都是有声小说,点开他的精品专辑《天命赊刀人》可以看到有近亿的播放量,非常火爆。而在每一期的结尾都会有这么一句话:"您刚才听到的是长篇悬疑小说《天命赊刀人》,由喜马拉雅FM出品,紫襟为您演播,下集更精彩"。简单的一句话,为下一集做足了宣传,也吊足了听众的胃口,培养了听众的饥饿感,为下期节目的收听率打牢基础。

定期回复，制造参与感

定期回复是主播拉近与听众距离的主要手段，也是使听众获得参与感的重要举措。主播定期回复听众留言，不但可以增强用户黏性，还可以提高他们的积极性，使其自觉参与节目的制作过程，从而增加对节目的忠诚度。

音频节目的详情页下方都会设置评论区，在这里，主播可以回复听众的留言，听众之间也可以借助评论区，讨论节目细节。另外直播弹幕，也是听众评论的好去处，一个好的有声节目的评论区，一定热闹非凡、讨论激烈。

评论区是产生热评的地方，如"墙都不服（扶）就服你""水土不服就服你"的流行语就诞生在这里，还有其他的比如"官宣""锦鲤"等词语也通过评论广为流传。甚至有很多听众听完节目专门去看评论，以解意犹未尽之苦，"评论比节目本身精彩"的情况也时有发生。有的听众上知天文、下知地理，文学书法、国际形势、军事政治样样精通，他们对节目的认知深刻且能出口成章，使得评论区成为不可忽略的存在。

评论区是社交重地，"听节目看评论"正在成为众多听众每天必备的环节，每一个节目的评论都有可能是一个故事集，这让一个节目的留言区变成了一个充满温暖故事和金句频出的地方。

主播定期看好评，可以娱悦心情；看差评，可以激励自己继续努力；回复评论区，可以和听众以朋友的关系相处。主播也可以在评论区中得到一些做节目的灵感，为更好地制作下一期节目打下基础。

发挥大数据针对性推送的力量

大数据时代，网民们最常听到的一句话就是"千人千面"，千人千面其实是搜索引擎的一个算法，叫作"推荐算法"，即系统根据顾客的特征和需求，针对不同客户的喜好，精准推荐不同的商品。这个算法的目的，就是把商品推荐给最需要的客户，更进一步达到精准营销的效果。比如，当你打开喜马拉雅FM搜索"标准韩国语"后，你找到想要的内容并且进行收听，当你再次打开喜马拉雅FM后，推荐页面上就会出现和韩语学习有关的内容，这就是针对性推送，即"精准投放、靶向营销"。如果一档节目是科幻类的有声小说，听众正好喜欢科幻类的有声小说，并且听过类似的节目，那么这档节目很大概率会被推送到这个听众的推荐页面上。发挥大数据推送的力量，可以增加节目的自然流量，把节目有针对性地推送到喜欢此类节目的听众面前。

干货 互动性是有声节目与生俱来的优势。从信件交流到嘉宾参与，从热线电话到手机短信，每一次有新的互动方式加入，都能加深节目与听众的互动交流，同时也能凭借服务性的提升，促成某种节目形态获得成功。在新媒体时代，人人拥有麦克风，听众参与有声节目的意识不断增强，不仅要求有声节目有互动、多互动，在互动的形式、内容及深度、效果等方面也提出了更高的要求。从多个维度提升有声节目的互动性，正是稳定收听人群、培养听众忠诚度、提升传播效果的题中之意，值得有声节目制作者深入思考。

领略 FM 后期的魅力

有声节目的后期配乐是较为个性化和复杂的环节，因为后期没有固定的套路，完全要根据节目的内容、涉及人物及场景的表达、播讲人的情绪等选择。但配乐的核心始终不变，那就是通过配置主题音乐或背景音乐，烘托气氛，增强艺术效果。合适的有声后期，能让有声节目有代入感，调动听友们的情绪，从而搭建一个独特有趣的收听空间。

虽然有声配乐大部分源于主观情绪，但在长期从事有声节目制作后，还是会发现一些技巧。

首先，要对有声节目主播录制的干音及文稿进行熟悉，通过细致分析干音及文稿中的情感表达、现实场景，来构思声音的搭建，重点选择符合文案情境，能够全面激发受众情感共鸣的音乐。比如：这个有声节目的类型是什么，讲述者的情感基调是什么？这里面出现的人物情感有哪些变化？课程设计者需要根据这些具体情况去安排后期音乐的搭建。比如，儿童音频《淘淘奇遇记》中出现的为了避让过马路的小动物，垃圾车紧急刹车环节，这时候，增加刹车声和街上人流涌动的声音，将有助于听众进入剧情。这里还涉及一个对主播录制的声音精修干音的问题，也就是说，后期收到主播发来的干音之后，要注意对杂音进行修饰，比如减少或删除呼吸声，判断主播录制段落间的停顿是否合适。

其次，要注意主播声音与音乐的协调性，在一部有声作品中，配乐往往是贯穿整个节目的，最基本的一点是背景音乐不能干扰人声，同时，所用到的音乐类型也应该是多样化的，比如《命里有毒：与男权争辉的女人们》这部专辑中，节目的性质是历史题材，主播的声音柔缓中带有力量，整体声音不高，甚至有些压抑，但是极具代入性。所以为这档有声节目配备后期音乐时，要注意还原历史中的一些场景，另外，声音不能太激昂，要舒缓，营造历史感和沧桑感。

最后，有声节目的音乐层次和节奏感要分明，后期配乐的艺术风格要与故事情感递进相辅相成，踩着内容的节拍，去调整音乐，会让讲述的内容更有层次感，同时，不同音乐的切换速度不能太快，否则会将听众带出。另外，要根据节目内容来调整音乐的起伏，配乐的切换要选择近似的风格，尽可能淡化过渡痕迹，避免衔接突兀，干扰收听。

<mark>如果有声节目是商用，还要特别注意选用的乐曲是否会发生版权纠纷。</mark>总体来说，有声节目的配音，有一个从简单到复杂的过程，多听同类节目的配音效果，比如转场效果是如何搭建的、声音的立体感，比较其中的差异，是一个切实可行的办法。

我们以音频平台不同类型有声节目中的佼佼者为例，来领略一下 FM 后期的魅力。

《你所没听过的自然美景》：让听大于看

《你所没听过的自然美景》是音乐类型下面的有声专辑，有近900万的播放量，专辑意在让听众听见大自然，专辑一共11集，每集5分钟，短小精悍。优美的轻音乐，可以抚平听众浮躁繁杂的心境，就像一只鸡毛掸子，扫去了飘落在心间的浮尘，让听众的心境重归平静，闭上眼睛静静地听，只花5分钟的时间，便仿佛回归到了自然，穿越了林间，我们的感官集中在听力上，脑中浮现出的画面却比看到的更加震撼。

本专辑在后期制作中最大的亮点就是各种乐器与自然万物的声音的混响效果达到了引人入胜的境界。本专辑里出现了各种动物的声音，有蛙鸣声、狗吠声、鸟叫声、蛐蛐儿和猫头鹰的叫声，以及溪水潺潺的声音、海浪拍打海岸的声音等，乐器主要用了钢琴、吉他、古筝等，所有的音轨压缩之后出来的音效非常有画面感。我们以前三集为例，来分析本专辑的后期制作。

第一集是《林中温暖的午后》，本集的开头只用了鸟鸣，然后加入了吉他的声音，吉他的节奏很慢，调子柔和，然后再并入笛子的声音，笛子的声音最远，很有距离感，小鸟的声音最近，整个音频的混响效果很有层次感，三分钟的时候并入了鸭子的声音，最后结尾只有小鸟的声音，和音频的开头相呼应。整个音频给人的感觉很慵懒，就像躺在林间温暖的午后，太阳都是暖暖的，透过树叶、穿过指缝打在脸上，笛声无限拉长了这午后的余韵，随便找一片草地，一躺就是一下午。

第二集是《万物之林》，这一集同样是以小鸟的声音开头，悠扬婉转的鸟鸣很是悦耳，下一秒你就知道这是一片树林，本集加入了古筝的声音，随后并入了箫声，古筝的声音比箫声近，两种乐器的声音相互配合，映衬出了林间万物的美妙，2分53秒并入了水鸭的叫声，提醒了晚归的人们归家，整个音频的混响效果让人非常放松，一曲终了，洗去了一天的疲惫。

第三集是《林中的钢琴》，听，雨后的青蛙，蛙鸣声渐响，引得村里的狗都叫了起来，本集以蛙鸣开头，随后加入狗叫的声音，蛙鸣和狗叫贯穿了整集，钢琴的声音在23秒并入，安静的钢琴音突出了林间生物的自然音，热闹非凡，最后在所有的声音都结束之后，并入了狼的叫声，悠远响亮。贯穿全集的钢琴音在前，蛙声和狗吠声在后，静中有动，动中藏静，以狼叫声点睛，仿佛回到了小时候生活过的村庄，引人入胜。

《民国往事》：娓娓道来的世界

《民国往事》主播小新甘儿，播放量近400万，是历史类别下关于民国历史的有声节目，主播的初衷是通过《民国往事》，给广大听众展现一个较为完整的知识脉络，对民国的历史有一个较为全面的介绍，使听众可以通过收听节目，完成对民国历史从零到一的点滴积累，给听众带来历史知识的提高，成为一档对听众有用的节目。该有声节目以中华书局出版的《中华民国史》为基础,结合对《中国近代工业史》的资料整理,给读者带来系统相对完整、脉络清晰的民国历史。

该专辑最大的特点就是故事本身很有吸引力,没有背景音乐,这档节目主要靠主播的声音,来完成跌宕起伏的各个环节的生动讲述,主播的声音铿锵有力,讲述过程抑扬顿挫,将民国往事娓娓道来,深得广大听众好评。那么主播在没有背景音乐加持的前提下,是怎么做到把自己的声音以最完美的状态呈现出来的呢?

这里涉及有声节目后期编辑软件与插件的使用,主播在录制节目的时候,会选择合适的硬件设备,像声卡、耳机、音响以最大限度地确保录制的质量,在录制好干音之后,使用如Cubase之类的后期编辑软件进行降噪处理,然后对在录音过程中产生的齿音、呼吸音进行处理,并且平衡主播的声音量,最后便得到了我们所听到的这般干净舒服的音频节目——《民国往事》。

干货 后期制作扮演着重要角色,一档有声节目的成败与后期制作是否出彩息息相关,一档好的有声节目,其后期制作对声音、内容进行处理,能够得到更加完美的体现,起到妙笔生花、画龙点睛的作用。如果说主播的声音是有声节目的女主角,那么后期加工制作,便是当之无愧的男主角,一档大受欢迎的有声节目,离不开优秀的后期制作,后期制作赋予了有声节目强大的生命力、感召力和吸引力,会使有声节目的视听效果更上一层楼,提升节目艺术效果,充分调动听众各种感官,为听众带来意想不到的收听体验,进而提升有声节目的影响力和竞争力。

平台选择：上对花轿嫁对郎

乘着知识付费的东风，音频领域迎来了百花齐放的时代，在喜马拉雅 FM、蜻蜓 FM 和荔枝 FM "三驾马车"的带领下，企鹅 FM、考拉 FM（听伴）、懒人听书、豆瓣 FM、酷我畅听、酷狗电台、咪咕阅读等内容平台也都表现不俗。无论是听众还是主播，在平台选择上都有很大的选择空间，可以根据自身的需求以及平台发展方向统筹考虑，选择适合自己的音频平台，做到"上对花轿嫁对郎"。

音频平台的用户行为研究

用户收听频率与投放时间

根据艾媒咨询 2019 年发布的行业调查,从用户收听频率来看,荔枝 FM 的人均单日启动次数为 9.08 次,蜻蜓 FM 为 5.73 次,喜马拉雅 FM 为 4.92 次。几乎每天都听音频平台的用户占比 62.70%,每周听 3~5 次的用户占比 26.0%,每周听 1~2 次的用户占比 8.5%,每月听 1~2 次的用户占比 2.2%,而每月少于收听 1 次的用户只占 0.6%。由此可以看出,音频平台用户收听频率高、黏性强,超过六成的音频用户是日活跃用户。高用户活跃度与强用户黏性,奠定了在多元场景下,收听音频的坚实基础。

从使用时长来看,荔枝 FM 人均单日使用时长为 43.95 分钟,蜻蜓 FM 为 29.81 分钟,喜马拉雅 FM 为 23.56 分钟;音频用户单次的收听时长集中在 11~60 分钟的占比为 84.8%,每次收听音频时长超过 60 分钟的用户占比为 13.6%。

在线音频的用户活跃时间主要集中在晚间和午间两个时段，其中晚间（18—23点）占比达40.8%。在使用场景方面，吃饭休息（含午饭、晚饭）和睡前收听成为两大主要场景。分析师认为，使用时间与场景在线音频已经逐渐成为大众的主流娱乐休闲选择。

从时分活跃人数来看，小高峰主要出现在早上8—9点，中午12—13点，下午18—19点以及晚上20—22点。这些时间段刚好是人们上下班通勤、午休，以及晚上入睡前的时间，可以理解为碎片化时间。不难推测出大城市的用户们，充分利用上下班的通勤时间来积累知识或者娱悦自己。

用户常见人群与投放类型

我国网民的男女占比分别为52%、48%，相差并不大，预计在未来男女用户占比会接近1∶1。中国在线音频用户男女比例，男性占比51.8%，女性占比48.2%，比例接近1∶1，分布较为均衡；年龄占比方面，24岁及以下占比33.7%，25~30岁占比28.6%，31~35岁占比14.9%，36~40岁占比9.5%，41岁及以上占比13.3%，总体来看，在线音频行业的用户，年轻群体占比较高。

喜马拉雅FM

喜马拉雅FM的主要用户群体，是年龄35岁以下的用户，占比79.94%。喜马拉雅FM的知识模块里，儿童与历史、商业财经、人文、个人成长、IT科技、外语并列，是知识模块中的重要板块。由此可知，喜马拉雅 FM 的用户目标为 13 岁以上的用户。中国大陆 15~65 岁人群占比为 74.53%，约为 10.39 亿，音频平台的用户数量，还会有很大的提升空间。

喜马拉雅 FM 的男性用户占比 52.08%，女性用户占比 47.92%。我们以 APP 下载量排名第一的微信来做对比，微信的男性用户占比 55.07%，女性用户占比 44.93%，喜马拉雅 FM 的男女用户分布更加平均。

用户年龄分布中，"85 后"和"90 后"占据了半壁江山，年龄在 25~35 岁的用户为 56.7%。25~30 岁的用户群以初入职场的新人为主，这部分人社会焦虑感较重，充分利用一切碎片时间给自己充电，渴望从职场小白成长为职场精英。31~35 岁的用户群开始步入中年危机，他们需要不断吸取新知识，创新思维、开阔眼界，跟上社会发展的步伐。休闲类的音频栏目，更是这个年龄阶段用户的"心头好"，可以让他们在重压之下放松情绪，比如相声、养生节目。24 岁以下的用户，主要是在校学生，他们兴趣广泛、喜爱社交，喜马拉雅 FM 的泛娱乐属性满足了他们的需求。在声音世界中，找到自己感兴趣的组织或者圈子。

荔枝 FM

荔枝 FM 的用户以女性居多，男女比例大概为 3.5∶6.5，说明了荔枝 FM 的内容更受女性用户欢迎，同时也说明荔枝 FM 在男性用户上还有很大的潜力可发掘。

从年龄分布来说，35 岁以下的用户占比 68.43%，24~35 岁的用户占比有所增长，36~40 岁的用户占比出现下降。可见荔枝

FM 的用户年龄呈年轻化的发展趋势，荔枝 FM 主打 35 岁以下的年轻市场。

根据 CNNIC 统计的数据，我国 39 岁以下的网民占比为 70.8%，占领了网民数量的大半江山。这批人的互联网接触率较高，容易接受新事物，喜欢追求新体验，同时消费能力强，相比其他年龄段的人，更愿意为好的服务体验付费。荔枝 FM 的声音直播、互动等功能，是吸引年轻人群的关键。

蜻蜓 FM

从年龄分布上看，蜻蜓 FM 24 岁以下的用户占比 20.98%，25~30 岁占比 29.02%，31~35 岁占比 29.51%，36~40 岁占比 13.19%，41 岁以上仅占 5.31%，24 岁以上且 35 岁以下用户占比 60% 左右，青年群体为蜻蜓 FM 的主流用户。

从用户性别分布上看，蜻蜓 FM 有将近 80% 的男性用户，20% 的女性用户，男女比例 4∶1，主要目标用户为男性，同时也说明蜻蜓 FM 的女性客户市场还有很大的潜力可发掘。

用户收入水平与投入宣发

从收入水平来看，相关数据表明，月收入 5000 元以上的在线音频用户超五成，月收入 10000 元以上的用户达到 22%，音频用户群体的收入水平整体较高。在线音频平台能够在更碎片化的场景下，为用户提供信息内容，更适合中高端人群满足需求。

从地域分布来看，二线以上城市的音频用户达 73.22%；从城市分布来看，大多数用户分布在省会城市或者直辖市。这些城市大学多，工作岗位多，消费水平高。相对而言，大城市的用户，对新事物接受能力强，兴趣爱好广泛，喜欢结交志同道合的朋友，对知识付费模式的接受度和认可度较高。

从用户的消费能力来看，中等消费者与中高消费者占比62%，这类消费者消费能力强大且消费欲望强烈。

干货 有声节目平台日益壮大，我们可以透过用户喜好洞见声音价值。目前中国有声节目以年轻化、高学历、高收入群体为主，30岁以下的年轻人占大多数。未来中老年群体在有声节目市场的开拓中，还将拥有巨大的发展空间。有声节目用户画像方面，存在明显的性别和地域差异。总体来说，男性用户略多于女性。其中，男性爱听悬疑小说，如《摸金天师》；而女性则钟爱言情小说，如《昏婚欲睡》。

三大主流在线音频平台同台竞技

当前中国主流的播客产品，主要聚集在喜马拉雅FM、蜻蜓FM和荔枝FM三大平台，这三家平台各有特色。从商业模式上来看，喜马拉雅FM与蜻蜓FM极为近似，均是通过优质的内容，吸引用户进行内容付费以实现盈利。这两大平台引入更多的PGC内容制作模式，这种模式对平台的资金要求较高，比较考验平台的内容生产能力、传播影响力和实际变现率。

目前来看，喜马拉雅 FM 在版权上占有明显的优势，其平台的有声书资源要远高于蜻蜓 FM，两者均通过与头部内容生产者和名人合作开发音频节目，以达到吸引用户付费的目的。但从目前的播放情况来看，中国音频用户对价格较为敏感，他们倾向于收听免费的音频而非付费音频。两家平台上除了拥有一定的内容付费资源外，也有较多免费的 UGC 内容。据统计，喜马拉雅 FM 约有 90% 为纯免费资源，这部分资源贡献了 1170 亿次播放量，占总播放量的 81%，是平台重要的流量来源。蜻蜓 FM 与之相比，在主播生态方面不如喜马拉雅 FM 做得完善，喜马拉雅 FM 单独为主播创立了圈子，为主播提供了电商功能，同时支持主播动态实时显示。蜻蜓 FM 的主播页面仅有主播目前的直播、已录制的专辑、最近更新的音频，缺少主播生态。喜马拉雅 FM 完善的生态，能让非头部主播更好地获取利润，也有利于留住非头部主播，扩大平台的内容库。

荔枝 FM 的商业模式与喜马拉雅 FM、蜻蜓 FM 不太一样，平台的定位为语音互动平台，内容主要为 UGC 内容，少有专业性内容，主要靠用户自发生产内容。这种模式对平台的底层技术、服务、内容分发能力、社区黏性都有较高的要求。荔枝 FM 目前的主要盈利来源为语音直播互动，以平台语音直播打赏为主要收入来源，内容付费占比极少。单从数据上来看，目前愿意为音频直播付费的用户占比为 6.4%，高于游戏直播付费率 3.8%，同时也高于视频直播付费率 2.4%。相较于重内容的喜马拉雅 FM、蜻蜓 FM 而言，荔枝 FM 平台不需要花费巨额在版权购买上,但存在内容质量较差的问题。

从产品功能上来看,三家播客平台的功能较为接近,均有音频收听、语音直播、语音交友互动等功能。

从盈利模式上来看,喜马拉雅 FM 拥有更为完整的盈利模式,除了其他平台都有的内容付费、粉丝经济、广告收入外,还拥有智能硬件售卖收入和平台商品抽佣收入。荔枝 FM 的盈利模式较为单一,主要为粉丝经济。

从业务分布上来看,喜马拉雅 FM 与蜻蜓 FM 的业务重合度较高,它们的定位都是综合类音频聚合平台。荔枝 FM 主要专注于音频直播和社交等业务,内容多服务于女性用户,如助眠、情感等。

从业务创新的角度来看,荔枝 FM 是几个线上音频产品中做得最好的,不光率先开启了语音直播,还上线了语音交友、语音游戏等创新业务。

从商业化的角度来看,喜马拉雅 FM 和蜻蜓 FM 的营收主要来自付费音频以及广告销售,荔枝 FM 主要依靠直播打赏。

荔枝 FM:主播 IP 的专业化发展

荔枝 FM 作为一款声音互动 APP,于 2013 年 10 月正式上线。这款以"声音"为主题的移动电台软件,凭借灵敏的"嗅觉"早早进驻市场抢占先机,并且在近年培养了一大批优秀的声音主播,打造了属于自己的独特"声态",现已成为音频行业中的一支独特力量。荔枝 FM 以"人人都是主播"的宗旨吸引年轻用户群体，目标更为具体、准确，用户基数相对小。

随着线上市场的迅速发展，涌现了大批"网红"主播，这种现象从视频平台一路蔓延到了语音平台。2016年是知识付费的元年，而UGC出身的荔枝FM，选择一路坚持UGC模式，走向语音直播和音频社交的纵深领域。

整个过程中，头部IP扮演着核心资源的角色。音频平台非常倚重头部主播的引流力量，一个有影响力的主播，可以给平台带来大量的用户和丰厚的利润。从成立之初，荔枝FM就形成了一整套创业者的扶持体系内容。从早年平台内走出的《罗辑思维》《凯叔讲故事》《程一电台》等，到现在数百万的独立主播，荔枝FM的平台造星能力不断升级。

在荔枝FM，有专门的播客学院用于培养主播，如"艺人造星计划"，通过专业的经纪团队，为主播艺人提供发展计划、形象包装、粉丝运营及专业拍摄制作等服务。学员可获得荔枝FM线上线下、站内站外资源综合推广，并与国内外顶尖团队合作。

蜻蜓FM：全新内容矩阵，深耕场景化营销

蜻蜓FM作为一款网络音频应用，于2011年9月上线，为中国领先的音频内容聚合平台之一。以"更多的世界，用听的"为宗旨，为用户和内容生产者共建生态平台，汇聚广播电台、版权内容等优质资源。蜻蜓FM的发展方向是音频IP，覆盖文化、财经、科技、音乐、有声书等多种类型。靠PGC内容起家的蜻蜓FM，在2016年提出"介于PGC和UGC之间的PUGC"，主

攻有声书。蜻蜓 FM 全面发展全场景消费，抢占用户碎片时间，PGC+UGC 共同发展，社交化 PGC 发展模式，可以带来高质量的内容，UGC 的作用在于所生产的内容更为丰富，更能满足不同需求的用户，并且社交板块可以加强平台与用户的联系，增加用户黏度。

近年来，蜻蜓 FM 重人文性的风格逐渐被塑造起来，同时其在内容付费市场上的打法也逐步清晰：一是在大众头部内容布局，例如打造知识名人节目；二是垂直领域内容布局，找到垂直领域里的意见领袖，形成富有个人特色的内容；三是投身全场景生态布局，打造头部和腰部内容的精品自制 IP，形成内容闭环，增加粉丝流量。对头部内容的选择，蜻蜓 FM 在内容战略上将产品定位在通识和见识上。内容可以分为几个层次，最下层是资讯，逐级往上是见识和通识，最顶部是专业知识。最合适音频的内容，是位于金字塔中间层的通识和见识。利用音频行业特有的头部内容马太效应，蜻蜓 FM 把重点放在通识和见识类头部内容的制作上。

除了培养头部和腰部内容生产者，蜻蜓 FM 还瞄准 5G 时代的全场景生态布局。随着智能手机、智能设备、5G 网络的出现和普及，在线音频的全场景时代即将来临。在不同场景下，使用不同设备，收听不同内容，这是用户身上正在发生的事，在未来也会成为"新常态"。

蜻蜓 FM 在"2019 全场景生态发布会"上宣布，蜻蜓 FM 全场景生态 1.0 已部署完成，全场景生态包含移动互联网生态和物联网生态两大部分。在移动互联网生态中，蜻蜓 FM 的音频内容，可以直接植入手机及 APP 中，同时在物联网生态中，蜻蜓 FM 已内植于智能家居及可穿戴设备中。

喜马拉雅 FM：出版合作，发挥版权 IP 的力量

喜马拉雅 FM 是国内最大的音频分享平台，在用户规模和头部资源质量方面，已经成为音频直播平台的领跑者。喜马拉雅 FM 是以 PGC+UGC 为主要内容，融合直播、社交功能的全品类全场景在线移动音频平台。

在如今资源为王的战场上，优质内容是产品称霸的神器。为此喜马拉雅 FM 斥巨资购买版权，通过与多个线上、线下出版机构合作，获得多部畅销书、网络文学的有声版权。从 2015 年开始，喜马拉雅 FM 就相继与阅文集团、中信出版集团、上海译文出版社等诸多一线出版商开展战略合作，合作内容包括有声改编、IP 孵化、版权保护等。通过与腾讯视频围绕 IP 开展合作，获得使用腾讯的 IP 开发孵化音频等相关内容产品的权利，构筑了较强的版权壁垒。喜马拉雅 FM 目前拥有市场 70% 畅销书的有声版权、85% 网络文学的有声改编权，超 6600 部英文原版畅销有声书，为扩大音频营销创造了良好的基础。

随着在线音频平台积极加强对原创 IP 的扶持与孵化，同时与各大品牌合作推出联合 IP，IP 营销正在成为吸引各大品牌争抢的蓝海。例如天猫年货节与喜马拉雅 FM 付费大 IP《郭论》联动，通过品牌买断 IP 专辑番外、购买付费专辑免单券、用户

免费试听同时参与 H5 互动，赢取更多打折收听券，降低广告商采购门槛、提高品牌曝光度和广告商转化率，同时解决品牌难以触达高消费净值用户的痛点。

智能手机及移动互联网的普及，让在线音频平台推动音频内容触达更多用户。音频内容不断丰富，更多专业化、品质化内容的出现，使在线音频对各类用户都有较强的吸引力。各种在线音频平台发掘品牌电台、IP 共建和定制等创新玩法，具有原创性高、贴合度强等特点，同时以优质音频 IP 节目为媒介，潜移默化传递品牌价值，减少消费者抵触感和疏离感，进一步展现音频营销的潜力。

此外，喜马拉雅 FM 还与诸多行业内人气大咖建立深度合作，其内容包含有声小说、音乐、相声、知识等 50 多个类别，涉猎范围广，能满足各个细分领域的人群需求。

干货 随着有声节目竞争日益激烈，优质主播成为沉淀用户的重要砝码。在对有声节目的选择中，用户对音质、时长和内容最为关注，好的内容资源依然是有声节目最核心的竞争力。打造优质内容、加强平台付费内容布局，成为各音频平台实现差异化品牌、吸引用户、拓展盈利渠道的重要之举。优质主播依靠声音特质和感情充沛的精准演绎，是优质内容传播的重要一环。优质主播不仅是优质有声阅读内容的提供者，而且是吸引用户为有声节目买单的砝码，优质主播已经成为有声阅读平台布局的关键。

节目投放也应选对平台

随着有声节目的发展，移动网络电台的种类和数量也在逐步增多，很多新兴的音频 APP，都把自己称为电台。现在比较受欢迎、听友们耳熟能详的电台有喜马拉雅 FM、蜻蜓 FM、得到、荔枝 FM、懒人听书、凯叔讲故事等。虽然现在的移动电台都日渐趋向综合型电台，但是在进入有声领域的最初，移动电台因为电台功能和内容划分，有一定的区别，了解这些方面的背景知识，将有利于我们在节目投放平台选择上有的放矢。

移动电台的类型划分

曾经一度，我们是按照电台的功能划分移动电台的类型的，移动电台可以分为直播类、点播类和定制类电台。

直播类电台：移动网络直播电台的特点是能够跟用户实现实时互动。现有的移动直播类电台，又可以根据内容来源不同分为两种。一种是直接与用户签订直播协议，让听友在上面开始直播节目，实现实时互动。例如 2016 年下半年，蜻蜓 FM 在平台上开始推出的直播节目。另一种，是借势传统电台的内容资源和优势，对传统电台的信息内容进行实时播出。这类电台的典型代表有蜻蜓 FM、凤凰 FM、酷狗 FM，其中，蜻蜓 FM 是这类直播电台的翘楚。

点播类电台：具有更高的自由属性。一般是主播定时上传节目，经平台对上传内容进行审核，然后发布到移动网络电台上，用户可以搜索、点击关注或者经由平台推荐获得感兴趣的节目内容。这类电台的典型代表就是喜马拉雅FM。

定制类电台：这类电台目前受众或知名度较小，其典型代表是豆瓣FM，这类电台根据用户喜好，通过大数据分析用户的使用习惯、内容偏好，模拟用户画像，推荐类似风格的作品供用户选择。

当然，这些只是在电台最初成立或起步萌芽和探索期进行的功能区分，现在，在功能上，几大平台已经趋于融合，在喜马拉雅FM上，也可以观看主播直播，在蜻蜓FM上也可以点播节目，而且，根据用户画像去推荐节目，在几大平台早已不再新鲜。

按照内容划分，通常分为综合性和垂直型。

综合型电台：顾名思义，主要以提供全面综合的海量信息、丰富内容从而满足不同年龄、不同群体的用户需要的电台。平台中有专业的内容生产者，也有普通用户。这类电台布局较为庞大，一网打尽所有大众或小众的内容需求，节目类型也非常丰富多样。

垂直型电台：这类指的是对某一专业内容领域进行深耕细作的小众电台，比如凯叔讲故事，专注于儿童领域；又如懒人听书，专注于有声书领域。

用户量与用户群体的碰撞

多方数据显示，当前，在线音频市场已基本被喜马拉雅

FM、荔枝 FM、蜻蜓 FM 三强瓜分。其中,蜻蜓 FM 属于资源整合型的电台,就像上文所说的,蜻蜓 FM 是对各类传统的广播节目和一些优质的节目加以利用和整合,相对而言,它的专业性和规范性会高一些;荔枝 FM 则是以用户生产内容为模式的网络直播电台,是一个主打"人人都是主播"的电台,听众可以在上面自己制作节目并分享给他人,其对节目的专业性要求低,节目内容丰富多彩;而喜马拉雅 FM 是一个综合型的网络电台,它结合了蜻蜓 FM 和荔枝 FM 的两大优势,在利用用户生产的节目内容的同时,还利用优质的节目内容来推动着平台的发展。从用户量与用户群体选择的角度出发,有声节目选择平台应从以下几点进行考虑:

从用户量来看,喜马拉雅 FM 是国内最大的音频分享平台,拥有六亿多用户,七百多万主播,不论是用户规模还是头部资源质量,均已成为了当下音频平台中的佼佼者。

从用户群体来看,喜马拉雅 FM 是一个集音频分享与综合类听书为一体的平台,不但产品品类更为丰富,使用户的选择空间更大,包括文学类、网文类、亲子教育类、课程解读类等多样内容,并采用了会员模式和单品付费两种方式,使得用户有了更多的选择权;而且还拥有绝大多数畅销书的有声版权,在版权维护上有一定的优势。相对而言,蜻蜓 FM 在有声书方面的版权开发尚在起步阶段,其最大的特点就是不是用户生产内容,蜻蜓 FM 是对优质节目进行整合和利用,不但收集了最全的声音供听众选择,而且对声音要求更为严格,因此,节目会更具专业性。荔枝FM则是以用户生产的内容为节目的主要来源,因此积累了大量的用户原创内容,荔枝FM不但能让听众成为信息的接受者,还能让其成为信息的生产者和传播者,而且节目的录制也简单,技术门槛低,更是对内容的创造者推出了多种扶持政策,可谓是为想原创和录制节目的用户提供了展示平台。

品牌引领效果与竞争力的碰撞

喜马拉雅FM

易观数据显示,截至2019年11月,喜马拉雅FM在头部主播资源上具备一定的优势,其次为蜻蜓FM和荔枝FM。在喜马拉雅FM上有吴晓波、马东、郭德纲等数百位大咖,新浪、福布斯、36氪等两百多家媒体,阿里、百度、肯德基等三千多家品牌,共有25个大类,18870个音频栏目,一亿多条声音,包括了二次元、相声评书、有声书、时尚生活、旅游、情感生活、戏曲、广播剧、娱乐、外语、商业财经、历史、儿童、健康养生、教育培训、音乐等,拥有达1000个有声栏目,以内容细分和多元化、内容培训体系、音频内容生态健全、版权优势、内容及流量扶持五大优势树立起了行业标杆。总的来讲,可以从以下三方面来对其竞争力展开简要分析:

一是注重有声读物内容与版权的开发和合作。喜马拉雅FM已与阅文集团、中信出版集团、上海译文出版社、读客图书和果麦文化等达成了版权合作开发的协议,拥有了系列排他性的出版物有声版权，使得喜马拉雅FM在畅销书的有声转化方面占据了先机。

二是开展跨界合作。喜马拉雅FM除了与出版商和名人主播合作外，还与不同领域中的优质企业展开了广泛的品牌合作，例如：2016年与同程旅游合作，打造出了《糗事播报》等内容，让同程旅游的旅游资讯在喜马拉雅FM上与人分享，满足了用户需求；2017年与猎户星空合作，打造出智能音箱"小雅"，实现了其在生产自属音频领域中的一大突破，2018年5月还推出了面向儿童的智能音箱"晓雅Mini"，同年12月推出"小雅Nano"，为有声书与智能硬件的结合铺路；2018年与车悦宝在音频方面合作，实现双方账号互通等，是一场双赢之举；等等。这些措施在实现营销内容推广和互惠互利的基础上，进一步地扩大了喜马拉雅FM的客户群和知名度。

三是紧跟知识付费的潮流。在2016年知识付费大火的时期，喜马拉雅FM把握住了机会，与得到、知乎及分答一同"吃螃蟹"，从付费音频《好好说话》到《罗辑思维》《每天听见吴晓波》《蔡永康的201堂情商课》《耶鲁大学陈志武教授的金融课》等付费音频的上线，均表现不俗，足以见出数字有声出版内容对用户的吸引力。而且这些节目的上线，也与喜马拉雅FM健全的内容培训体系分不开，其有着喜马大学、大师课、主播成长训练营等，更是为主播的专业化添砖加瓦。

总的来说，喜马拉雅FM在移动电台、在线音频平台和有声读物出版平台等方面都占据首位，其采用的专业用户生产内容（PUGC=UGC+PGC）生产模式是一大创新，显示出了极大的包容性与开放性，响应了"人人都是创作者""人人都是传播主体"，加上拥有丰富的图书版权、大量的音频内容以及数以万计的认证主播等，使其成为移动音频行业的领头羊。此外，喜马拉雅FM还瞄准儿童音频市场，推出儿童版APP，以充分挖掘音频儿童陪伴内容的市场潜力。

蜻蜓FM

蜻蜓FM主要发展内容收费和主播经济功能，没有社区互动功能，内容上主要倾向于横向发展的泛娱乐领域。在一线城市中的占比蜻蜓FM要多于喜马拉雅FM，具有很强的用户黏性，其主播资源丰富，有完善的主播扶持和培养机制。只是，相较于其他有声平台而言，在版权争夺上优势不明显。蜻蜓FM抢占用户碎片时间，采用PGC+UGC共同发展、社交化发展PGC发展模式，可以带来高质量、更丰富的内容，加上在2018年的战略规划会上，将内容体系分为了文化名家、女性、新青年、财经、儿童成长、原创自制、超级广播剧和影视IP等九大内容矩阵，能更为精准地供用户选择。而且在2019年已完成了音频全场景生态1.0布局，使得终端用户黏性、流量表现的效率大幅提升。

由于蜻蜓FM的定位为"听"，所以其节目来源最大的特点就是"非用户生产内容"，创作者一般会略少。与喜马拉雅FM和荔枝FM不同，蜻蜓FM的节目来源主要是引进所有的优质节目，是致力于让听众去"听"的一款资源整合型的APP。此外，蜻蜓 FM 在 2018 年投入了 10 亿资金来扶持主播，使得主播逐渐职业化，在为主播未来的发展提供有力支持的同时，蜻蜓 FM 的内容生态也随之逐渐实现了自我造血的能力。

荔枝 FM

荔枝 FM 功能较为齐全，节目来源是以用户生产的内容为主，其最大的特点就是每个人都可以通过一部手机制作节目，而且操作简单，技术门槛也低，不管是专业的广播员还是普通听众，都可以创建个人电台、录制节目，是一个致力于打造全球化的声音互动的平台。其内容可细分为交友、连线、情感、音乐、脱口秀、二次元等，内容生产模式以 UGC 为主，侧重于交流和互动，在打赏互动、连麦互动的基础上推出了娱乐模式，实现了用户与用户间的网状型互动。本着人人都是创作者的理念，生产出更加丰富多样的内容。

荔枝 FM 集录制、编辑、存储、收听、分享于一体，依托声音技术沉淀，使人们在手机上就可以完成录音、剪辑、音频上传和语音直播，而且还通过 AI 赋能内容创作者，极大地降低了创作门槛。此外，荔枝 FM 还对内容创作者推出了多种扶持政策，以吸引更多的人进行音频内容的创作、激励主播能生产出更多高质量的内容，以期出现更多新的音频品类和形式。

总而言之，在头部"三驾马车"中，喜马拉雅 FM 综合性更强，蜻蜓 FM 则是资源整合型的 APP，而荔枝 FM 主要是用户生产内容，更注重原创节目的产出。在进行节目投放前，要根据节目的定位和需求来与三个平台的特性进行匹配，针对性的选择是节目选对平台的关键。

注重新兴平台的潜力

从 2012 年开始，在线音频市场经历了探索期、启动期、高速发展期，从 2019 年开始逐渐进入成熟发展期。虽然发展时间不长但胜在速度够快，根据《2020 年中国夜听经济发展分析》报告，听书已经成了很多人的夜间娱乐习惯，目前市场用户规模已经突破了 2 亿，在 2019 年年底统计中，国内听书的总时长已经高达 109 亿小时。

懒人听书

如果您的节目是原创有声书节目，那么懒人听书就是您最好的选择。懒人听书专注为用户提供所需的书籍收听、付费节目以及有声数字交流等服务。经过多年运营，已发展成为集听书服务、主播培养、商业服务、社区互动于一身的综合性有声阅读交流平台。懒人听书身为国内第一批有声读物创业者，通过多年的运营，背靠盛大文学的版权库，拥有充足的原创内容，积累了近千万个由用户创建的精品听单，覆盖国内 85% 原创文学内容的有声改版权。懒人听书主打领域是有声书，配合有电子书、广播剧、脱口秀、知识付费、相声评书、音频 FM、曲艺戏曲等。

如果您想开一档针对男性的有声付费节目，可以选择懒人听书。根据易观千帆的数据，懒人听书是男性用户的天下，女性用户市场还有很大的发展潜力。从用户年龄分布来看，用户主要位于 20~40 岁这个年龄段，从消费能力来看，懒人听书的中高端消费能力用户占比 63.95%。可见懒人听书的用户中男性居多，年轻人占大多数，消费能力比较强。

作为最早入场的音频 APP 之一，懒人听书已经在垂直领域做到了领先地位，积累了大量用户基础，借助版权辅助，有很明显的先发优势。在拓展更大的市场方面，也开始涉及电子书、知识付费等领域。懒人公司先后推出芽芽故事、酱紫看书两个 APP 扩充业务版图，看得出公司在不同场景下做出的努力，细化每个场景，单独分离出业务线可以将产品做得更为精细，为用户提供更大的价值。

考拉 FM（听伴）

场景营销盛行的当下，人们最常经历的场景之一便是汽车场景，上下班时间都是在汽车里度过的，如果您想开一档针对汽车场景的有声节目，听伴便是您的最佳选择。原考拉 FM 上线于 2013 年，内容覆盖音乐、相声、评书、脱口秀、鬼故事、广播剧等方面。并于 2018 年 7 月 11 日进行品牌升级、业务重组，正式更名为听伴。和荔枝 FM、喜马拉雅 FM 等相比，听伴正基于汽车场景，走向 B 端为核心的经营模式。据官方数据显示，听伴已经与 90% 的汽车品牌展开合作，累计激活 700 万＋的车载设备，车载和手机产品的用户超过 2 亿。

听伴推出了"场景化＋智能电台流"的技术，以时间、地点、人物定义一个场景，基于场景，按需智能组合包括新闻资讯、音乐、娱乐、出行信息等内容，以不间断电台流的方式主动推送给用户，并且结合播放内容用户可以开展深度学习，可以满足智能化、个性化、高端化的用户需求。

企鹅 FM

如果您想找一个有着巨大潜力的年轻平台，那么企鹅 FM 一定是一个备选，企鹅 FM 是腾讯公司推出的音频分享平台，以 "PGC+UGC+ 社交" 形式提供多维度电台服务，内容覆盖小说、音乐、笑话段子、新闻、娱乐八卦、情感故事、相声评书、亲子教育等领域。

从易观千帆数据可见，在 FM 行业内，活跃度与渗透率的排名情况依次是喜马拉雅 FM、蜻蜓 FM、荔枝 FM，然后才是企鹅 FM。由此可见，企鹅 FM 与首位的喜马拉雅 FM 还有较大的差距。从用户性别来看，使用企鹅 FM 的男女比例分别为 51%、49%，接近 1∶1，男士略多。从年龄来看，企鹅 FM 使用人群整体在 35 岁以下居多，其中 32% 的人群集中在 25~30 岁之间，整体呈现年轻化趋势。

腾讯内部有 QQ 空间、QQ 音乐、QQ 浏览器等十多个渠道为企鹅 FM 导流，拥有海量用户资源。2019 年年底，腾讯音乐娱乐集团（TME）旗下酷我音乐发布 "百亿声机" 计划，将以百亿资源＋资金扶持长音频内容创作。这也促使了后来 "酷我畅听" 的推出，其中的内容涵盖了有声小说、畅销书、相声评书等内容，板块设置与喜马拉雅 FM 并无二致。不难看出，腾讯音乐对于在线音频领域高度重视，似乎志在必得。字节跳动也上线了 "番茄畅读"，正式宣布入局长音频领域。而番茄畅读依靠背后的番茄小说,为其提供优质的版权资源,同时字节跳动坐拥抖音和今日头条两个巨大流量池,也给番茄畅读提供了不少有利条件。

干货 目前的音频平台中,最著名的有喜马拉雅FM、蜻蜓FM以及荔枝FM,并且这三家音频平台侧重点不同,各有千秋。作为主播,在选择音频平台的时候,不只要看平台的影响力、流量等因素,还要选择和自己节目内容最契合的平台。只有这样,才能把效益最大化,对自己的节目,才是最好的选择。作为听众,在选择平台的时候,可以按照自己的喜好,再结合平台的特色,货比三家、择优收听。同时,像豆瓣FM、懒人听书、企鹅FM等新兴平台也可以进行大胆尝试,有针对性地选择收听。

专辑路演：上线前的第N次"纸上"推演

路演译自英文Roadshow，是国际上广泛采用的证券发行推广的一种方式。在中国，路演不仅得到了上市公司、券商、投资者的关注和青睐，也引起了其他企业的广泛关注和浓厚兴趣，并效仿证券业的路演方式，来宣传推广产品。对于打造爆款有声节目，上线前的N次"路演"也是一个必不可少的重要环节。

上线前沙盘演练的价值和意义

在讲述有声节目路演之前,咱们先聊聊沙盘和电影。威尔斯是英国的一位作家,在其1911年出版的《地板游戏》一书中,描述了他和两个小儿子游戏的过程,尤其是他们所玩的"地板上的游戏",把各种各样的玩具摆放在地板上,进行不同的游戏内容。孩子们玩得开心而投入,表现出了令人兴奋的想象力和创造力。玛格丽特自幼喜欢威尔斯的作品,1928年她建立了自己的儿童诊所,准备开始进行儿童心理治疗的时候,受威尔斯的《地板游戏》的启发,在诊所里放置了一些玩具和模型,又添置了沙和水的托盘。来诊所的孩子被墙上的玩具模型所吸引,自发地选择一些玩具和模型,放在盛有沙和水的盘子里玩耍,"沙盘游戏"由此诞生。瑞士荣格学派心理学家多拉·卡尔夫是沙盘的正式创立者,她在1962年国际分析心理学会议上正式提出了"沙盘游戏"的思想,并在1985年发起成立了国际沙盘游戏治疗学会,标志着沙盘游戏治疗体系的形成。沙盘最早起源于游戏治疗,后广泛用于军事战争、天气预报、企业经营和项目建设等多个领域。通过沙盘演练，可以对战况、业绩等进行盘点与总结，反思决策成败，解析战略得失，梳理管理思路，暴露自身弱点，并通过多次调整与改进练习，切实提高综合效能。

喜欢观看电影的朋友们，可能会关注或参与电影路演。电影路演，指的是通过提前在电影院进行小范围的放映，推介电影内容、卖点，通过媒体、影评人曝光、评论电影宣传信息，起到争取排片支持、宣传曝光、口碑发酵、票房号召作用。电影路演是一种主流的影片宣传方式，不仅是片方提高影院排片的重要手段，更重要的是利用粉丝口口相传，扩散影片口碑。早年的路演形式比较单一，在电影公映前后，明星来到影院和观众进行问答互动。现在电影路演的形式丰富多彩，从互动问答，变成和粉丝们做游戏、玩自拍、送礼物等，甚至还可以通过综艺活动、演唱会等形式开展。

对于打造有声节目，进行上线前的沙盘演练和电影路演具有异曲同工之处。通过对自己的产品、节目，选择不同受众群体进行展示，对路演的各项情况进行总结，一方面可以起到宣传推广、扩散口碑作用，另一方面可以查缺补漏、好中求好，找到自身的亮点，发现不足，从而进行针对性的改进，争取更好的效果，拥有更多的粉丝。如果始终无法赢得粉丝青睐，就要深入细致地查找症结，找出解决问题的渠道，每次路演后都要进行反思，不断进行优化提升，促进粉丝量和关注度持续稳定增加。

依次展开的专辑内容思维导图

思维导图是表达发散性思维的有效图形思维工具。通过依次展开专辑内容的思维导图，我们用线条将浮现在脑海中的关于专辑内容的所有事物，连在一起、呈现在纸面上，可以激发思维和记录灵感，便于及时补充和减少疏漏。

专辑简介

读书是心智成长的重要方法，也是成本最低的增值方式。但因为日常工作忙碌和生活节奏加快，人们很难用整块的时间进行阅读，听书就满足了利用碎片时间学习的需求。无论是开车、跑步还是做家务，一般在从事不用集中注意力的事情时，我们都可以选择收听有声节目。不仅时间灵活，可以由自己做主，还能在不经意间学习新的知识，不断充实提高自己。

用户是根据自己感兴趣的内容来对有声节目进行选择的，我们可以用专辑简介帮助，用户对节目有总体把握。所谓专辑简介，是对整个有声节目内容进行系统整理，形成了由课程名称、体量、更新频次、价格策略、版权信息等组成的内容体系。简明地提示粉丝或者听众可以根据自己的兴趣爱好，由浅入深地进行沉浸式、系统性学习，或者根据自己学习、备考等需要，通过时间和资金等成本测算，进行选择性、拓展性学习。

通过专辑名称，用户可以大概推断有声节目属于学术讲座、英语学习、亲子早教、历史点评、悬疑推理、商业评论等哪种类型，便于他们根据兴趣和需求选择有声节目。

体量对于建筑物来说指的是规模大小，如占地面积和建筑面积等，常以平方米为单位来计算；对于有声节目来说，体量就是时间长短，比如我们的专辑共分几节、几章或者几个单位，每节大概多少时间，专辑共多长时间等，便于根据我们的时间来选择支配。

更新频次指的是内容更新频率，众所周知，定期发布优质内容是挖掘潜在客户的最佳方式之一。根据不同营销策略，不同节目会选择每天发布一次、每周发布一次、每周发布几次等不同的更新频率。

价格策略是指企业通过对顾客需求的估量和成本分析，选择一种能吸引顾客、实现市场营销组合的策略。价格策略的确定，以科学规律的研究为依据，以实践经验判断为手段，在维护生产者和消费者双方经济利益的前提下，以消费者可以接受的水平为基准，根据市场变化情况，采取动态调整的定价办法。如今，有声节目进入付费时代，只有含金量足够的内容才能吸引听众，知识付费产品是非常具有吸引力的头部产品。**通过价格策略，那些针对性强、性价比高的专辑会胜出**。

版权即著作权，指文学、艺术、科学作品的作者对其作品享有的权利，包括财产权、人身权等。一般而言，其他人需要使用作品，应当事先取得版权所有人的许可，并向其支付报酬。对未经许可在互联网传播文字作品、表演作品、录音录像作品的行为认定为侵权。在有声节目领域，目前更多地依赖于版权合作，除了极少数顶级 IP 外，各个音频分享平台基本拿不到直接的版权购买费用，基本都要共同开发、共同持有。

主播介绍

有声节目的主播，可能曾经是播音主持、配音演员等声音艺术从业者，也有可能是企业职员、高校教授、一线工人、退伍军人、家庭主妇等各行各业对声音感兴趣、有天赋的人。通过主播介绍，让用户了解主创人、主创团队、创作背景起源、历史作品、主播优势等信息，是节目展示的另一张名片。

主创人指在文学、艺术作品的创作过程中担负主要工作的人。有声节目主创人，能够把握节目的全案策划运营，包括商务、策划、制作及上线推广等；熟悉综艺娱乐节目、文化节目、脱口秀节目和网络综艺的策划与制作，有创新思维，并能独立开发新的节目形态；有丰富的明星艺人资源，能快速邀约制作明星 IP 类有声节目；文案能力强，有用户及新媒体思维，并有成功案例和方法论；逻辑思维能力强，有内容属性的项目管理经验。通过主创人，用户可以了解有声节目实力、流量和内容、方向，从而选择产品。

主创团队指的是在主创人领导下的创作团队。如同电影创作，需要具备完整的主创团队，由出品人、制片人、顾问、导演、副导演、监制、演员、场务、布景师、灯光师、造型师、化妆师、特技人员、配音演员、特技效果人员、作曲人、剪辑人等人员组成；有声节目制作，也需要演绎者、专辑主笔、出品人、监制、审校、后期制作等人员构成。一部优秀高质的有声节目，凝聚了主创团队全体人员大量的心血和汗水。

创作背景起源，指的是有声节目创作的时代背景和主创人的心路历程等。当我们谈论一个人或一个节目的时候，不能孤立地、单纯地进行讨论，要将其放在历史背景和生活环境下去分析，才能明白创作历史背景和原生环境。《盗墓笔记》便因讲故事而起源，作为"盗墓"题材的领军人物，南派三叔从27岁到34岁，用8年时间完成9部作品，开启中国通俗小说的"盗墓时代"。谈起创作背景，南派三叔说，自己从小就爱听外婆和妈妈讲令人惊奇的故事，上了小学以后，对写作产生了浓厚兴趣，一直到27岁那年，开始创作充满超级想象力的《盗墓笔记》，没想到一发不可收拾。这些创作背景都是节目的重要宣传资源。

历史作品指的是主创人或主播曾经创作或参与创作的作品、专辑的名称。如喜马拉雅FM主播有声的紫襟，历史作品有《阴间神探》《我的老千生涯》《猎罪者》《斗罗大陆》《明朝败家子》《麻衣神算子》等。这些历史作品，可以从另一个角度展示主创人或者节目主播的风格、类型和演绎特点，便于用户做出收听选择。

主播优势指的是独特性和排他性特点。比如有声的紫襟坐拥1300多万粉丝，一本《摸金天师》收听量高达60亿，节目整体累计播放量超过100亿次。他的演播风格多变，且不局限于某个单一类型，搞笑、恐怖、古风等不同类型、风格迥异的小说，他都能播讲得有声有色。因此，百变就是他的优势之一。

内容介绍

内容介绍，又称"内容说明""内容提要""内容简介"等。是向大家介绍本专辑内容、特点和受众群体，便于了解选购。内容介绍是对专辑的高度浓缩和简要概括。应抓住专辑的内容实质，坚持实事求是的态度，切忌随意吹嘘、夸大歪曲，坚持概括准确、简洁明了。内容介绍主要包括人物设计、人物形象、故事情节、故事大纲、形象设计等。

人物设计，或称为角色设计、人物设定，主要针对专辑中出场的人物的背景、情节、动作等形式，进行特定的组装和设计，不仅包括外在形式，如服饰、化妆、发型等，也包括内在性格的外在表现，如气质、举止、谈吐、生活习惯等。比如，这个人物出场故事的设定，是古言，是现言，还是玄幻，或者仙侠等；人物风格是幽默诙谐，是轻松小白，或者是细腻忧伤，还是谋略纵横；人物在什么环境下活动，是宫廷，或者是学院，还是蜀山；人物是高大威猛、孔武有力，还是眉清目秀、翩翩君子，或者是机智多谋、古灵精怪等。无论是直白交代还是水墨远景，通过人物设计，让听众知道故事的大致背景，非常重要。

人物形象指的是专辑中的人物通过外貌、言谈、行为、举止等具体元素向他人所展示的，有关此人物性格、内质等抽象元素，在他人心中的具体反映。很大程度上，人物形象有旁人的主观成分，也有特定人物的客观成分，可以说它是主观元素和客观元素的集合体。不仅是说貌美如花、剑眉星目、白衣飘飘、唇红齿白、声如出谷黄鹂等直观印象，还要给听众展示主要人物的个性特点，最好是用语言、用行为、用动作、用神态，聚集一个点去放大描绘出来。听众通过生动具体的描绘，头脑中立马浮现出立体的人物形象，而不是穿衣服的木偶。

故事情节是指专辑、作品中表现人物之间相互关系的一系列生活事件的发展过程。它是由一系列展示人物性格、表现人物与人物、人物与环境之间相互关系的具体事件和矛盾冲突构成的。一般包括开端、发展、高潮、结局等部分，是按照因果逻辑组织起来的一系列事件情节，应当体现人物行为之间的冲突。

故事大纲指在创作专辑的过程中，事先确定的故事构造和整体把握。故事大纲要说明人物的姓名、性别、身份、年龄、外貌、性格与气质特点；讲清主人公要干什么事情，比如发财、升官、复仇、争霸、历险等；说清楚主人公做这个事情的意义及困难所在，也就是故事的波折，需要克服的某些困难和阻碍；说明事件的结果，即故事的大结局，是皆大欢喜，或是留有遗憾，还是存在悬念、为下部铺垫等。一个好的故事大纲，会影响到整个专辑的效果和质量。有了大纲，我们艺术创作就有了一个大致的方向，不会出现偏离主题的现象。尤其是对于悬疑推理类有声读物，需要把情节脉络安排好，要有引人入胜的感觉，这样才能让受众有兴趣听下去。

形象设计是指根据人物的面容、身材、气质及角色定位等各方面综合因素，找到最合适的服饰色彩、风格搭配，并根据社会角色需求、职业发展方向和场合规则等要素来建立和谐完美的个人形象。不仅仅局限于发型、妆容和服饰搭配，还包括内在性格的外在表现，如气质、举止、谈吐、生活习惯等。形象设计要生动具体，能够抓住听众的耳朵。

专辑亮点

有了亮点的专辑，才是大家热衷追捧的专辑。要通过亮点，达到以下效果：让人知道专辑讲什么，内容从哪个层面入手，最后听友能得到什么。要打造专辑亮点，可以从以下方面入手：

拥有独特无双绝妙构思。夸张点就是要结合丰富的想象、脑洞大开，争取做到前无古人后无来者，惊艳读者、震撼听众。比如，政治理论类有声读物，要反映出政治内容、中心思想、主要观点，可带有评论性，淋漓尽致、独辟蹊径地表达作者的观点或看法，让人听了心悦诚服。学术著作有声读物，要反映出学术内容、创新之处，具有鲜明的研究和实用价值，带有开拓性和启发性，能够引起听友沉思和共鸣。文艺小说类有声读物，要反映故事情节、人物塑造、社会生活的典型意义，带有悬念性和批判性，能够针砭时弊，让听友对社会问题进行深入思考和评论。

设连环局引人入胜。有声读物贵在一波三折、险象环生，开门见山、一马平川便少了刺激和韵味。例如，由墨舞碧歌创作、王小鸥播音的架空穿越类型小说《非我倾城：王爷要休妃》，很惊艳的就是作者设局的方法，涉及太子和各皇子夺皇位的局，男一男二设定都是不能小觑的人物，所以他们之间的明争暗斗岂是复杂两字了得。通过王小鸥高低起伏声调的演播，各种人物先前都动了手脚设了局，然后又牵连不断，在一处情节上爆发，最后呈现的画面是所有人促成的结果，让听众云里雾里、迷惑不懂，跟随主播听到最后才能恍然大悟，顿觉酣畅淋漓。通过设连环局，让情节生动曲折，让真相扑朔迷离，让听友对专辑作品难以忘怀。这就是制造亮点。

　　刻画到位桥段经典。经典的桥段设计和生动的人物刻画，成为听友们津津乐道的焦点和谈资。比如，由禹岩创作、龙吟播音的穿越后宫类型小说《极品家丁》，讲述了林晚荣因意外被迫以低级家丁身份进入萧府大宅，遭逢无数奇事，帮助萧府在商场、官场翻云覆雨，成为"天下第一丁"的故事。"卖小册""调香水""愤然离萧家""大小姐眼泪""千丈峰绝情锁""孤军入草原""苗寨上刀山"等经典情节不胜枚举。想看搞笑的，有；想看感动的，有；想看热血的，有。十二个女性人物形象刻画得十分到位，乖巧如巧巧、娇媚如若凝、出尘如雨昔、俏皮如玉霜、绝美如青璇、炙热如玉伽、温婉如芷晴、体贴如玉若……此外，诗句也是一大亮点，无论是引用还是原创，都运用得非常完美精妙。当初和萧大小姐曾经约定的红线"连就连，你我相约定百年，谁若九十七岁死，奈何桥上等三年"。还有宁雨昔曾言的"我生君未生，君生我已老"，林晚荣的"双枝并为春，岁岁作年少"，都突显人物性格，为小说增色不少。众多让人念念不忘的经典片段和生动立体到位的人物刻画无疑是节目的亮点，令人情绪波动的情节发展，则是使听友肾上腺素飙升的核心技法。

竞品调研

竞品调研是指对竞争专辑、同类节目的优势和劣势进行比较分析，进而对专辑上线战略和设计规划提供帮助与指导。主要内容包括：专辑基本信息，如专辑名称、上线时间、风格类型、官网、微博、平台等；作者和主播背景，如专辑成本、技术、市场、运营团队情况；用户定位与需求，如对受众群分析，它可以满足听众的哪些需求，其中最核心的需求是什么，什么原因导致用户流失等；盈利模式，如付费用户构成、付费逻辑、盈利现状、盈利发展等。进行竞品调研，最重要的是竞品分析，要从专辑定位、专辑功能、专辑口碑、专辑运营等方面来剖析。

专辑定位。就是这个专辑具有哪些功能，能够满足哪些听友的需求，帮助听友解决什么问题，这是有声节目的核心价值，可以从竞品多维度地洞察到。我们可以通过官网、百度搜索等方式查询，它的一句话介绍通常就是专辑定位。同时，竞品定位也可能会随着时间发生动态调整和变化，因此一方面要进行实时动态跟踪，一方面要更高效地提炼专辑定位。

专辑功能。我们要通过对比全网同类型同题材的专辑作品或有声读物，看哪个功能更齐全、内容更丰富，竞品有哪些本专辑没有的功能或者长处，采纳优点及时对本专辑进行修改完善。

专辑口碑。就是专辑上线后的市场反馈，即听友体验的数量多少和感觉好坏。我们可以通过用户问卷调研方式，对听友体验情况进行对比，最好5分、最低1分，让听友对有声读物使用感受来打分，让结论有一个数据化的支撑和验证。采用实地调研、调查问卷、网络问答、微信测评等方式，可以更深层次地挖掘用户的想法和反馈。当然，第三方测评机构的信息也可以用来佐证参考。

专辑运营。可以从增长模式、听友维系和盈利模式这几方面来展开。有声节目推广主要采取线上渠道，可以从下载量、增长曲线、线上推广等数据来参考。除了在各大音频分享平台排名上查看，还可以从百度指数、易观智库、CNNIC、艾瑞咨询等发布的数据里获取。听友维系主要是留存率和活跃度，主要通过各类运营活动和互动社区、成就体系、签到福利等有声产品功能来实现。盈利模式就是专辑靠什么赚钱，不同产品采取不同的市场策略，有的靠低价策略，有的主张口碑宣传或者性价比，产品战略地位不同，所采取的盈利模式也不同。

最终通过竞品调研，要形成竞品分析结论，结论就是最后的总结和建议，这也是前面搜集和分析信息提炼集成后的精华。如果目的是研究产品的增长模式，就针对优化模式提出具体建议；如果目的是研究用户留存活跃的手段，那么就要给出针对性建议。总之，要回过头来对标初衷来给出结论、弥补漏洞、改善提升，这才是竞品调研的目的，也是竞品分析的意义。

受众分析

受众分析可以分为两种情况。一种情况是对已经上线的产品进行分析，多用于竞品调研时，或者是为了学习单纯想分析某个产品。对已经上线的产品进行受众分析,主要是出于以下动机:担心对听友了解程度不够,自己闭门造车,满足不了听友需求,进一步了解听友的行为特点;借鉴别人的产品设计和市场运营的方法;了解听友对产品的体验,以方便优化自己的产品。另一种情况是对还未上线的产品进行分析,多用于新产品开发时,梳理听友需求,探讨产品的可行性,同时对用户行为做更多深入挖掘。无论哪种情况,受众分析可以分为四个步骤:

分析目标受众的特征。包括他们的性别和年龄分布、从事行业、工作年限、教育水平、居住地址、经济水平等。进一步分析:个人兴趣爱好,如看什么类型的书、听什么类型的音乐、有什么类型的电影、每周运动频率;使用网络习惯,无线网络使用还是移动网络使用;消费习惯,网购的频率、网购平台的选择;经常使用的 APP 有哪些,音乐类还是读书类;等等。

分析目标受众的心理。目标受众在做购买决策时,会考虑哪些因素呢?比如,专辑类型、服务质量、更新速度、付费标准、音频平台知名度和主播效果等。而且针对不同的时期和发展阶段,目标受众的需求也不一样。最开始听友只是有一个模糊的概念,只知道自己需要什么,这时他们会直接搜索与需求相关的品类词。然后,他们挑选几个题材合适、价位相近的专辑进行对比,看哪家提供的产品和服务最能满足他们的需求。分析了目标受众的心理,根据他们的不同需求制订不同的推广方案,比如创意文案的撰写和营销广告设置等。

分析目标受众的搜索行为。不同行业、细分业务的目标受众,搜索行为和上网习惯是不同的,比如:游戏行业的目标人群,可能绝大部分是在晚上上网;办公家具行业的目标人群,可能是在白天上班时间浏览购买;而音频行业的目标人群,可能在开车时、下课后、休息前选择在线收听。因此,必须针对不同人群设置不同的投放时间段,才能做到精准到位。

分析目标受众的地域分布。主要是了解目标受众集中在哪些地域,对于转化效果好的地域可以重点投放。比如生活服务类的行业,本身就具有地域限制,只适合投放本地,可以借助统计工具细化到市区,然后对重点区域实施重点投放。对于适合投放全国的有声节目,如果选择一个计划地域设置为全国,这样设置太过于宽泛,不仅效果不明显,也不利于数据分析,所以需要对受众进行地域分析,不同的地域,设置不同的预算和时段等。

运营策略

运营策略是指通过内容建设、用户维护、活动策划等方式,来优化产品内容和满足用户需求的方案办法。无论什么样的运营策略,目的都是根据用户需求去不断完善自家产品,达到吸引用户购买、拉动销量流水、实现交易转化的目的。在制定运营策略中,应把握三点:

要注意开源节流。想要开源节流,首先你要知道,你的目标用户都长什么样子。无论是什么行业,运营者都要明确目标用户的属性、需求,通过数据分析和总结推理,明确用户的年龄、地域、喜好、习惯等,我们要通过吸引、引导的方式,让更多的潜在听友主动注册咨询、付费收听。这便做到了开源。节流，顾名思义，从字面意思理解，就是减少用户流失，稳定老粉，促进忠实粉丝转化。这个方式办法很多，但最主要的是抓住用户的心理和需求，进行相关的内容产出。只有当你的内容能够给用户带来满足感，才能真正做到节流转化。

要促进用户活跃度。目标用户不是一成不变的，都有一定生命周期，用户不会永久追随。用户从一开始关注你的产品，到产生信任，再到发生消费行为，在这个过程中，用户的需求在变化，对产品的认知也在变化，直到最后离开，这是用户整个生命周期。而运营策略需要做的，就是尽可能拉长这个周期。当了解了用户画像，分析出了用户的喜好和习惯，就需要一些手段拉进与用户的关系，提高用户的活跃度。可以通过发红包、送礼品等福利形式，也可以策划各种令用户感兴趣的活动。

要刺激用户消费。无论什么行业，我们最终目的都是实现产品价值和交易变现。要根据用户画像，分析用户对什么感兴趣，愿意为什么样的产品花钱，再加上一些优惠政策刺激消费。对于首次消费的听友，可以采用发放优惠券、会员红包和充值送会员等方式，吸引其收听付费音频；对于二次消费的听友，可以利用其对专辑的认可度、信任度，通过朋友圈分享、折扣券等形式，引导听友进行深度沉浸式收听。对于可能会离开的用户，常见的是"召回好友"活动，降低流失率，增强吸引力，增加听友黏性，培养忠实听众。

对于用户的整体把控，从引流到转化到变现，每一个阶段都需要运营者做好充足的准备和方案，不能放任自流。同时在制定策略时，要避开三大误区：

不把用户当傻瓜。无论我们做什么运营，都不要把客户当傻瓜，客户比想象中聪明智慧，绝对不要糊弄和套路用户。我们常说，用户从来都不傻，只是比较懒，我们要做的，就是将结果直接呈现给用户，不要让用户去花费时间精力搜索，要让用户一眼就能明白内容，看到运营者的真心实意。所谓明白内容，就是文案要直白、活动要清晰、操作要简单，尽快给予反馈；看到真心，就是少点套路，多点实际好处，这样用户才会转粉。

不把用户当上帝。在心中要把客户当上帝，根据客户需求提供产品和服务。但在运营过程中，运营者要结合成本，抱着互惠互利的心态，通过产品和服务满足用户合理的要求，不能一味讨好用户。不计成本的服务只会使运营者承受过多的负担，因此要懂得适可而止、量力而行。

不要停止互动。不喜欢和用户互动的运营，绝对不是一个好运营。对于音频节目，运营要多与用户沟通，了解听友的喜好，尽量地理解大多数听众，而不是把自己的想法硬性强加给听友。在社区内活动，主动问候听友，可以拉近距离、了解用户，也可以加深听友对你的信任，帮助听友建立收听习惯，进而促成其购买行为。

综上，运营目的是销售，是客服，也是推广，虽然对于有声节目来说，专辑内容和产品属性不同，侧重点也会不一样，但相同的是，都要以用户为中心，有客服的贴心、销售的耐心、推广的恒心，有声节目运营才能有声有色。

核心难点与待解决问题

专辑路演是进行宣传推广前的关键环节，是上线前的临门一脚，通过专辑路演，可以发现问题、查缺补漏。我们要对专辑可能出现的核心难点和待解决问题进行预判。问题主要有：

习惯问题。听书受朗读速度和外部环境的限制，是有声读物群体相对小众的原因之一。收听者的注意力只要稍微分散，就会遗漏内容信息，造成理解上的不连贯。除此，施工、交通等嘈杂的外部环境，也是影响听友收听质量的重要因素。有声节目的这些缺陷，还要通过技术的不断改进和听书习惯的积极培养，才能得以有效解决，专辑路演对于开拓潜在有声节目市场、宣传扩大专辑影响力和知名度进行了积极探索，但还远远没有电影路演受众群体庞大，因此专辑路演，任重道远，仍需努力。

版权问题。我们平时收听的很多有声节目，大都来自网络且是未经原作者同意或出版社授权，就私自进行录制的。听友在收听时，大都没有为文本内容支付一定的费用。也就是说有声节目的制作者，只需要投入很少的成本，就可以通过网络上的下载量和点击率轻松获得经济利益。长此以往会严重影响到创作积极性，对我国出版市场产生不利的影响。因此，有声节目版权问题已经变成制约发展的重要问题。专辑路演，可以集原创性和新鲜感于一体，可以起到积极地"宣誓主权"的示范带动效应。只有积极规范出版市场、打击盗版侵权行为，才能保持出版人的积极性，继续为广大读者提供优质的专辑，让有声节目稳步地向前发展。

质量问题。传统的有声节目生产，由专业的录音制作者主导。录音制作者对文本进行制作加工，根据主题和风格，确定专业的演播人员，根据演播的声音特点和作品的定位，去选择合适的背景音乐，在专业的录音棚中进行录制，再由音效师、剪辑师对声音进行后期处理。经过专业人士的协同努力，最终创作出的专辑，背景音乐和主播富有张力的演绎，相辅相成、互为映衬，主题鲜明、情感丰富，能带来身临其境的听觉感受。新媒体时代，由于手机平台等移动终端设备软硬件功能的成熟，在没有专业的内容制作团队和录音设备的情况下，也能进行有声节目生产，很多专辑从文本创作、朗读、录音到后期剪辑处理等，都由主播一人完成，生产流程大大缩短，以致有声读物的质量大幅下降。再加上缺少编辑把关这一关键步骤，不少质量低下的有声读物没有被过滤掉，机械死板的播音吐字、简单粗陋的后期剪辑处理、突如其来的错词、莫名其妙的断句、逻辑混乱的章节结构，这样的专辑，根本无法为听众带来良好的收听体验。

内容问题。新媒体时代，每个人都可以通过平台其他自由渠道发布和传播有声节目，缓解了有声读物的稀缺。但在融合的网络环境下，繁多且无序的有声信息，往往会湮没很多优质内容，听友无法形成注意力规模，海量内容沦为"沉默的流量"。

同时有声节目的消费也无法继续推进，因为听友的具体化、个性化需求，没有得到有效满足。

干货 有声节目专辑内容制作、策划以及付费问题始终离不开版权保护的话题，版权规范化是在线音频行业良性发展的前提和基础。随着版权保护意识的增强，未来在线音频平台版权争夺与保护将成为内容付费类音频的重点。近年来在线音频平台大力发展知识付费，以喜马拉雅FM、蜻蜓FM为代表的在线音频平台，打造了各种知识付费节，带来经济效应的同时创造了巨大的社会效应。在经历了爆发式的发展后，聚焦知识付费的"知识狂欢节"不断向包含了硬知识、泛知识和娱乐类内容在内的内容付费转变。此外，在线音频平台为会员提供的增值服务越来越多，用户体验进一步得到提升，有利于吸引更多潜在听众。

路演现场还原：承受过 N 次修改后的最终成品

他山之石，可以攻玉。本节将以《命里有毒》和《侦探推理馆》为例，详细解读路演的重要意义和现实价值，以期为其他有声节目进行上线前的路演提供有益的参考借鉴。

《命里有毒》路演：两次推翻设计，三次更换主播

在中国古代历史上，各位女中豪杰，以自己超然脱俗的智慧和富有浪漫色彩的爱情，给时光留下一道独属于女性的剪影。

《命里有毒》这个有声节目，系统梳理了在历史上留下印记、光芒闪耀的150位女性，用细腻的文笔、生动的演绎、准确的评价，讲述了她们光彩夺目、蔚为壮观的一生。从第一辑"先秦之婵娟"至第五辑"元明清之诸族熠华"，按照历史脉络和时间顺序，150位中国古代杰出女性接连登场，上演了跨越3000多年的壮丽诗篇。她们的境遇，与今天的我们是那么相似，又是那么不同，懂了她们，也就懂了我们自己。

樱桃好吃树难栽，不下功夫果不开。广大听友在享受精神食粮的时候，鲜为人知的是其背后的创作经历和路演进程。《命里有毒》共形成45万字底稿、历经主播长达38小时真情演绎，创作团队在路演过程中，经历了两次推翻设计，三次更换主播，最终成品定型。

具体在设计方面，第一版土气保守、跟不上现代审美，第二版感觉上不够传神到位、达不到传情达意效果，经过主创和团队多次研究讨论，先后被推翻，最终至第三版，才得以确定。最终版封面、插画等图片清新亮丽的艺术风格，展现了不同时代、不同民族，中华女子的不同精神面貌、生活境遇和社会地位，生动形象地展示了有血有肉、有心有爱的150位杰出女性的灵魂。

具体在主播方面，为了选出符合稿件内容的声音，创作团队先后寻找了电视台新闻类主播、电台娱乐主播、评书类主播等进行试音。电视台新闻类主播太字正腔圆、刻板教条；电台娱乐主播又太浮夸娱乐化，缺少历史深沉厚重感；评书类主播虽然很会讲故事，但声音和播讲太传统老套，缺乏新颖性和吸引力。有的主播甚至都录了好多期，但团队本着宁缺毋滥、效果至上的宗旨，最终还是推倒重来，直到最后才确定了现在的主播王小呆。他用细腻传神的声音，带领听众，领略150位古代奇女子波澜壮阔的人生。

《侦探推理馆》路演：区别于竞品的内容撰稿策略

悬疑推理小说是很多人的最爱，一桩桩离奇诡异的事件，抓挠着推理迷的内心，刺激着推理迷的神经，吸引着对事件真相的深度探究。不仅作者煞有介事地设计剧情，而且读者也要烧脑跟随，一点点深入，直到篇末。无论是国内还是国外，精彩的悬疑推理小说，总是会取得销量与口碑的双丰收。

在策划之初，《侦探推理馆》的竞品是《绝密档案》《大案纪实》等最火热的有声节目，它们拥有众多粉丝，播放量都是几千万甚至上亿。这对《侦探推理馆》的内容策划来说，是一个巨大而严峻的挑战。所以，路演期间，《侦探推理馆》对竞品节目进行了详细深入的分析，采取了不同于竞品的撰稿策略，从而创新了此类节目的形式和内容。

专辑中的每个案件，开头都有引子作为伏笔，种种悬念让听众屏住呼吸跟着主播，一起去探寻案件的真相。中间有最富悬念的侦探过程，家庭恩怨、情感纠葛、心理变态……尽显真实人间百态，层层剥茧，直面惊心动魄的细节。结尾都会对案情进行总结，最真实的案件复盘类似普法栏目，不仅展现活生生的现实，还有重要的启发和教育意义，对时代、人性、社会现实进行深度剖析，引发听众对社会现象和自身价值的深入思考。

同时，本节目高度重视逻辑推理，每一个故事都设置悬念、引人入胜。专辑内容，全部来自编剧一手积累和世界知名悬疑作品的创作原型，新案奇案的悉心解读、尘封案卷的精心整理、犯罪现场的全景复盘、解密案件的及时呈现，都是逐层展开故事情节、展示人物性格的基础。

此外，案件标题都很新颖，直抓眼球，节目设计上，会把凶手或死者的一部分信息，提前暴露出来。比如"东北农村少妇连环杀人案"，听到题目，就知道凶手是东北农村少妇，而且并非个案，还是一个连环杀人案。这就对节目内容提出了更高的要求，因为需要在听众提前知晓凶手身份、性别、籍贯等信息的情况下，继续营造悬疑感。

最后一点，是做到了内容与声音、画面的完美结合。本节目的内容，每一个案件都堪比一部重量级大片，节目策划牢牢地把握住了听众的心理，选取的都是大案要案、疑案难案。本节目的主播老道，声音沉稳磁性，风格幽默自然，角色塑造生动有特点。内容与音画完美结合，让想象空间无限延伸，给听友身临其境般的破案快感。因此，《侦探推理馆》通过路演，采取了不同于其他竞品的内容撰稿策略，上线后获得了极高的播放量，也赢得了听众口碑。

宣传推广：响彻云霄的有声集结号

当前的有声节目竞争市场已经成为一片红海，想要在竞争激烈的环境中冲出来，精准的定位、优质的内容、出色的主播、出彩的后期制作等缺一不可。而本章要讲的宣传推广，更是节目成为爆款的重要推动力，现在我们身处酒香最怕巷子深的时代，越是好的有声节目作品，就越需要仔细考量如何做好宣传推广，让更多的人了解这些作品，爱上这些作品，让作品的影响力变得更加深远。进行最好的宣传推广，是为我们打造的有声节目走向市场而吹响的集结号。

内外部环境分析

有声节目想要成为爆款,就要重视宣传推广。

同行业内现有竞争力

自走进公众生活以来,有声节目以其独有的优势,迅速获得了人们的青睐。而随着在线音频内容的进一步开放,以及用户场景需求的进一步挖掘,有声节目市场有望长期保持一个稳定快速增长的态势。据艾媒咨询数据,2018 年,中国在线音频市场用户规模达 4.25 亿人。2020 年中国在线音频用户规模数据尚未披露,预计可达 5.42 亿人。目前,有声节目平台的竞争格局整体稳定,但垂直领域并不平静。据艾媒咨询数据显示,2019 年上半年,喜马拉雅 FM、荔枝 FM 的月活跃用户稳居市场领先地位,而作为头部集团的喜马拉雅 FM、荔枝 FM 和蜻蜓 FM,均保持着千万级别的月活动量。可以说,有声节目的平台经过多年的发展,目前基本形成荔枝 FM、喜马拉雅 FM 和蜻蜓

FM 三家巨头的稳定竞争格局。随着头部企业内容和场景生态的日益完善，以及行业内监管力度的加强，有声节目领域的马太效应将愈渐凸显，行业市场竞争格局也将越来越明确。在互动娱乐领域，荔枝 FM 以海量的主播和节目内容位居行业前列。而在有声垂直领域，手握丰富资源的阅文集团、B 站先后入局，基于自身的用户群属性，打造具有特色的有声垂直平台（阅文听书、猫耳），对于垂直领域中其他企业来说，无疑是强有力的竞争者。

在节目类型方面，目前形成了以下态势：

一是争相布局儿童音频赛道。随着国家二孩政策落地，中国将有数百万新生儿，儿童消费市场的潜力进一步显现。国内在线音频平台也早已开始儿童音频赛道的竞速，各头部平台纷纷打造儿童音频内容，开拓儿童音频垂直领域市场。儿童有声节目市场的潜力及未来的竞争将会是一个看点。

二是智能硬件赋能场景化布局。伴随着人工智能近年来的快速发展，在线音频与人工智能两个领域的交流结合也变得日益密切。各在线音频平台也加快了对智能硬件的布局，意图使音频平台伴随智能硬件完成对人们日常生活各个场景的渗透，为行业带来新的增长点。

三是内容违规和版权困境依旧是行业痛点。作为典型的内容提供平台，在线音频行业始终绕不过版权保护问题，版权纠纷频发，依旧是行业痛点之一。此外，平台部分内容低俗、打"擦边球"、宣扬历史虚无主义等问题也一直是各大音频平台的困扰。

因此未来有声节目同行业的竞争，需要把握以下几个趋势：

一是平台内容竞争激烈，优质内容及生产者需求提升。在线音频市场经过多年发展与沉淀，已进入行业发展下半场，在各平台对技术、营销等方面布局趋于成熟时，市场的竞争也已回归到内容的竞争上。未来在线音频市场将会继续加强内容生态的打造，对于优质内容及优质内容生产者的需求都将提升。

二是在线音频平台社交属性加强，泛娱乐生态将成趋势。随着知识付费热潮的逐渐退去，当前各平台纷纷加强内容以及产品生态的布局，围绕用户社交需求的挖掘，未来在线音频平台内容以及业务将更加多元化。泛娱乐生态的打造，有望实现用户的持续增长，同时进一步巩固平台在市场的竞争地位，实现平台商业化价值的高效探索。

三是深耕用户场景需求，行业布局场景化。在线音频因其高度的伴随性、碎片化等特点，用户潜在使用场景非常多元。当前，市场中在线音频平台正积极瞄准人们生活的各个场景进行布局。未来在线音频平台场景布局将更加广泛、精准以及高效。

四是技术环境发展变革，在线音频市场将迎来新风口。在5G时代即将来临之际，在线音频行业面临技术发展带来的新机遇、新挑战。5G技术的普及将推动物联网的普及，各类智能设备加速渗透人群，音频内容的传播途径也将高度扩展，对于在线音频行业的发展影响重大。

替代品的替代力

所谓替代品的替代力，是指两个处于不同行业中的企业，可能会由于所生产的产品互为替代品,从而在它们之间产生相互竞争行为,这种源自替代品的竞争会以各种形式影响行业中现有的竞争战略。

对于有声节目而言,能够有效占有用户闲暇时间的娱乐行为都可以称为替代品。不过,我们可以用手机 APP 作为主要分析对象。在当前,与有声节目能够形成最强竞争的替代品有短视频类 APP、电子书类 APP、新闻资讯等。短视频以抖音与快手为主。以抖音为例,它是一款可以拍短视频的音乐创意短视频社交软件,该软件于 2016 年 9 月上线,是一个专注年轻人的 15 秒音乐短视频社区。抖音于 2017 年迎来爆发期,到现在已成为一款与互联网人群密不可分的现象级 APP。据统计,抖音国内的日活用户目前已突破 1.5 亿,月活用户超过 3 亿。抖音非常适用于以下的场景。城市中年轻的上班族在通勤(乘坐地铁、公交)的碎片化时间中感觉到无聊,无法观看或者无兴趣观看长视频或者进行阅读,难以进行复杂的手机操作不能打游戏,于是打开抖音 APP 在 15 秒时间内迅速集中注意力享受短暂的放松和娱乐,并且在到达公司或回到家时能够立刻关闭 APP,并使用接下来的大块时间做其他想做的事情而不必担心思绪被打断。大学生在结束一天的学习之后回到寝室,打开抖音看看有没有什么新的话题借以放松身心。三线及以下城市的年轻上班族下班时间较早,有比较多的空闲时间可以支配。但是,他们所在的城市没有比较丰富的社交与娱乐活动,或者自己也没有培养起什么特别的爱好,于是用刷抖音来打发时间。正是因为抖音及快手类短视频 APP 利用的也是用户的碎片化时间，而且因为抖音特有的算法技术会让其呈现的内容都是用户感兴趣的，让用户在不知不觉之间就将很多的业余时间用于观看短视频，自然就会影响对有声节目的收听。此外，电子书、新闻资讯类 APP 也有固定的用户群体，它们也可以在一定程度上对有声节目形成替代品竞争，分散一定数量的用户。

供应商议价力

供应商的议价力，指的是供方主要通过提高投入要素价格与降低单位价值质量的能力，来影响行业中现有企业的盈利能力与产品竞争力。一般来说，当满足如下条件的时候，供方会具有比较强大的讨价还价力量。一是供方行业为一些具有比较稳固市场地位而不受市场激烈竞争困扰的企业所控制，产品的买主很多，以至于每一单个买主都不可能成为供方的重要客户。二是供方企业的产品具有一定特色，以至于买主难以转换或转换成本太高，或者很难找到可与供方企业产品相竞争的替代品。三是供方能够方便地实行前向联合或一体化，而买主难以进行后向联合或一体化。

对于有声节目而言，供方主要指节目的来源。当前有声节目的来源多种多样，但是议价力量各不相同，那些内容优质、自带 IP 和粉丝的作品，从来不愁买主，这些属于供方中强势的一部分。而一些节目的创作者由于名气小等原因，希望能够借助有声节目的平台来扩展自己的影响力，他们在议价时，会处于弱势地位。目前来说，具有自身特色的内容，受到有声节目的青睐，具备成为爆款的潜质，而一些滥竽充数的作品，则很容易成为有声节目红海里的牺牲品，成为成功者的背景板和垫脚石。从联合或一体化角度来看，目前的供方并未形成上述趋势，有声节目平台的竞争态势则逐渐清晰与明朗，形成了三足鼎立的局面，因此对于有声节目的未来发展，供应商的议价能力相对处于劣势。

购买者议价力

购买者的议价能力，是指购买者主要通过压价与提要求，达到获得较高的产品或服务质量的目的，进而来影响行业中现有企业盈利的能力。一般来说，当满足如下条件的时候，买方会具有比较强大的讨价还价力量。一是购买者的总数较少，而每个购买者的购买量较大，占了卖方销售量的很大比例。二是卖方行业由大量相对来说规模较小的企业所组成。三是购买者所购买的基本上是一种标准化产品，同时向多个卖主购买产品在经济上也完全可行。四是购买者有能力实现后向一体化，而卖主不可能前向一体化。

对于有声节目而言，其特征与购买者议价能力强的影响因素是基本吻合的。第一是购买者的总数少，现在的有声节目平台，基本形成了喜马拉雅FM、蜻蜓FM、荔枝FM三足鼎立的局势，这些平台的受众多，影响力大，有声节目的打造与流行一般都要经过这三个平台来实现。因此购买者的议价能力是较强的。第二，卖方行业相对来说都是由比较小的企业或团队组成的，有的甚至是个人来进行内容的创作，数量庞大而且规模较小，是其显著特征。第三，有声节目虽然各有不同，但是基本也有了比较固定的分类，形成了一定的标准化模式，当有声节目创作完成后，可以同时向多个平台来推介自己的作品。第四，购买者有声节目平台具备实现后向一体化的能力，但是卖主因为数量多、规模小，想要实现前向一体化的能力与潜力可能性极小。因此，从购买者的议价能力来看，购买者占据优势地位。

干货 据百度指数数据，喜马拉雅FM的用户集中在20~39岁之间，这部分用户大多数已经进入职场，针对这一部分人群，选择在工作闲暇时间，播出优质内容，会相对提高传播效率，提升用户体验。另外，男性用户占52.08%、女性占47.92%。能明显看出，男性仍然是在线音频电台的主力军，如何吸引女性用户是个值得思考的问题。

常见宣传策略

有声节目的宣传，与其他产品的宣传策略并无二致，一般来说都是互动营销、关联营销、病毒营销和针对营销四种。

互动营销：评论与私信

在销售领域，互动营销，就是买卖双方互相都动起来。在互动营销中，只有抓住共同利益点，找到巧妙的沟通时机和方法才能将双方紧密地结合起来。互动营销尤其强调，双方都采取一种共同的行为，达到互助推广、营销的效果。

对于有声节目而言，互动营销自然就是注重节目本身与听众之间的互动。具体操作起来，一般都是前期进行很好的策划，然后针对某一话题，或是节目的整体内容，或是节目的某节内容，或是节目的主播，找到合适的推手开始引导大家，吸引大家参与其中。对于有声节目的互动营销来说，互动性是其成功的关键，在对有声节目进行营销推广的同时，更多的信息应该融入目标受众感兴趣的内容之中。要认真回复粉丝的留言，用心感受粉丝的思想，更能唤起粉丝的情感认同。这就像朋友之间的交流一样，时间久了会产生一种微妙的情感连接。

有声节目的互动营销，可以形成一定的舆论效果，这也是互动营销的特点之一。互动营销主要是通过网民之间的评论和回复活动，间接或直接对有声节目产生正面的或者负面的评价。但其中舆论领袖的作用也在彰显其重要地位。比如很多公众人物的微博转什么产品，什么产品就会卖到脱销。这正说明了名人效应对消费者的影响力十分重大。在市场竞争日益激烈的情况下，舆论领袖对所有产品的品牌口碑作用在未来依然不可小觑，对于有声节目也是如此，在进行互动营销的时候，需要特别注意名人效应的作用。

有声节目的互动营销，可以更好地吸引大家的眼球。有声节目搞互动营销，主要就是吸引网民的眼球。如果一起互动营销事件，不能吸引眼球，那么无疑这起互动营销事件是失败的。互联网本身就是眼球经济，如果没有网友的关注，就谈不上互动。当然想要获得更多的互动效果，不应仅考虑到眼球经济，更为重要的是定位要精准。假设自己是广告行业，那么就围绕一些产品目标顾客关注的相关信息来发布，吸引目标顾客的关注，并且大多是潜在的消费群体。一旦"粉丝"质量提高了，那对于企业而言，更容易从其身上转化出商业价值。

有声节目的互动营销，要学会营造热点。互动营销有两种事件模式，一种是借助热点事件，另一种是自己制造事件。借助热点事件比较常见，自己制造事件，通过制造吸引大家关注的事情，引起人们的关注，这就需要抓住人们内心的需求，也就是人们喜欢的事情，或者他们对什么事情比较感兴趣。

想要进行成功的互动营销，还要把握住以下三个方面：

一是参与互动营销需要具备便捷性。实施互动营销，就是要访问者参与其中，互动营销是要访问者很方便地参与其中，而不是要经过复杂的过程才能参与其中，否则访问者参与互动的概率就会小很多，人是有惰性的，特别是网民，遇到比较复杂的，就会点点鼠标离开，不会参与其中。

二是互动营销应对访问者给予一定的好处。有声节目可以参照一些网络调查进行有奖调查、节目免费试听等方式，可以给予互动营销者节目的免费券等。想要访问者参与互动营销，对访问者必须要有利益的驱动。如果对访问者没有产生一定的利益驱动（或必须需要某种产品和服务），其参与的概率则会大为降低，因为毕竟无聊的人占少数。

三是确保访问者的用户体验要好。互动营销更要注重其用户体验，如果其用户体验不好，是不可能成为产品的潜在客户或准客户的，这就与互动营销的目的相违背了。如免费提供试用节目，那这个节目的用户体验要好，作品内容质量要过硬，并在过程中不断对其使用情况进行跟踪及提供服务（虽然是免费，也一样要提供服务）。这里可以 Google 的 Adwords 广告为例，如果 Adwords 用户体验不好，进行了关键词投放不产生效果，那么相信 80% 以上的都不会续费再进行广告投放，对于有声节目的互动营销而言，道理是一样的。可见，互动营销用户体验要好才可能获得成功。

随着网络营销的不断发展，有声节目的互动营销也将会出现更多的创新方式，更深层次渗透到企业的网络营销中，互动营销也将会有越来越多的有声节目来实施。但互动营销的基本要点一定要遵循，才能确保对有声节目的宣传推广效果。

关联营销：线上与线下并存

关联营销是商业运营很常见的一种营销手段。所谓关联营销，指的是一种建立在双方互利基础上的关联销售手段。这种营销方式通过一种事物、产品、品牌的营销带动更多的事物和产品及品牌营销，具有成本低、营销效果好的特点。在有声节目的营销中，这种方式的使用也越来越多。

对于用户而言，每次收听有声节目都是源于对节目内容的喜爱和认知，有声节目的内容是输出让听众了解节目的重要手段。想要实现有声节目的关联营销，就需要重视有声节目的转化，做到了这一点，才可以最大限度地调动用户和资源。以人为载体，已经成为当前时代背景下，满足市场需要的传播方式，充分利用社交媒体，才能让有声节目得到最大范围的推广，实现最好的传播效果。

在普通产品的关联营销中，一家企业的网站上或者其他平台有另一家企业所售产品的描述、评价、评级和其他信息甚至后者的链接。也可能是同一家企业对同款产品的交叉但有关联的引导销售，即一款产品销售页面上除了本身产品的一些信息之外，将同类型或者有关联的产品信息放在上面，实现多款对比。这都会提高用户自主选择性和网站黏性。这一点放在有声节目的关联营销上，就是在同类型的节目上，植入平台准备推出的新节目的介绍与链接，争取将老用户直接吸纳到新的作品当中，实现无缝对接。

病毒营销：大V效应

病毒营销，是互联网常见的一种营销方式，成本低、效果好是其显著特征。病毒营销通过一个引爆点引发用户在社交网络上的主动传播，通过你告诉我、我告诉他的信息扩散方式，让信息像病毒一样进行复制，一传十,十传百,百传千千万，最终形成数以千万计的受众群体。可以说，病毒营销是一种非常独特而又极具爆炸性效果的营销手段，想要实现病毒营销，需要把握几个关键的节点。对于有声节目而言，想要实现病毒营销，需要找准爆点，聚集粉丝。

现在是粉丝经济时代，粉丝们都非常热衷于利用各种互联网社交媒体平台为自己喜欢的偶像或作品呐喊助威，宣传造势。他们可以利用微博、微信、贴吧、QQ等工具，广泛且深入地参与到自己喜欢事物的信息制造和传播过程中，从而实现增强作品曝光度的目的。

在移动互联网时代，粉丝对于任何作品或事物的宣传营销起到的作用都是不容忽视的，一个有声节目的传播，离开粉丝的支持是万万不行的，粉丝可以通过各类社交网站对自己喜爱的作品进行"暴力刷屏"，展现病毒营销的力量。可以说，粉丝的支持力度决定了一个有声节目发展的上限。因此，有声节目的病毒营销的第一个关键是找准爆点，将粉丝有效地聚集起来，只有给予了粉丝想要的，真正赢得了粉丝的喜爱，才能让粉丝倾尽全力，最终实现有声节目的病毒营销。

针对营销：对症下药

针对性营销是一种营销策略上的新思路，它非常关注聚焦，是产品进入市场前期以针对性的切入点整合资源（资金、人才、组织形式等）而后发力，以较低的营销成本赢取较大的市场效果。针对性营销是以竞争为前提结合产品价值进行的，它以更加精准的目标比照帮助企业迅速提升产品的市场地位，针对性营销从定位开始，但定位并不是它的全部。针对性营销要找到目标，通过有效的信息收集和市场分析制定可行的针对性策略，它不是在营销传播上的单一针对，除了产品基础外还涉及渠道、价格设置等方面。

对于有声节目而言，想要实现针对性营销，需要在传播上下功夫，首先要制定适宜的广告策略，将节目有价值支撑的针对性定位，通过广告的形式传播出去，在打击竞争对手的同时，将自身的价值主张传递给用户；其次，要采取针对性的公关策略，如通过网页发布、造成争论等方式使传播范围迅速扩大，与广告策略相配合产生更好的效果；最后是进行适当的促销活动，对相关的主播进行培训，使其牢牢抓住有声作品与其他同类作品的明显区别，并在实际工作中加以应用，这样既能直接与用户进行沟通，又能够通过相关市场反馈及时调整策略，还能有效弥补高空传播的不足，使效果倍增。

实现针对性营销，还需要在价格上下功夫。对于有声节目而言，针对性营销的价格体系设置不仅要考虑竞争对手的价格设置，还要将其可能出现的对抗性的价格下调等因素考虑进去，另外，也要把所涉及目标消费者的接受能力、广告费用、渠道推广费用和促销空间等作为参考指标。

实现针对性营销，还需要在渠道上下功夫。有声节目在渠道上下功夫，是从竞争的角度出发来制定渠道策略，先分析一些竞争对手的渠道情况，如渠道所经营对手产品的利润情况，对手的渠道控制力度、分销能力、网络覆盖范围等，找出对手的薄弱环节，然后制定相应的针对性渠道策略，迅速进入，在短时间内争取符合竞争要求的渠道资源，建立优势，赢得在渠道上发力的主动性。

PUGC 生态战略

PUGC 我们前面已经提到，是"Professional User Generated Content"的缩写，即"专业用户生产内容"或"专家生产内容"，是一种互联网术语。它是以 UGC 形式产出的相对接近 PGC 的专业音频内容，兼具 UGC 的个性化特征和 PGC 的精良制作。PUGC 代表着特殊的直播场景和特殊的直播身份，以及一些特殊的事件所造成的特定的、有价值的、不可复制的直播内容。

喜马拉雅 FM 率先在行业内提出 PUGC 的生态战略。从自媒体人到品牌机构和媒体通过喜马拉雅 FM 与小米、阿里、百度等 2000 个国内合作的平台在车上、路上、床上等场景进行相应分发。PUGC 的形式可以归纳为：

上游：内容生产由 UGC+PGC+ 独家版权组成，同时为主播提供一整套孵化系统。中游：手机、车联网车载平台，利用大数据技术形成用户"画像"，进行个性化智能推荐。下游：手机用户、汽车、智能硬件多线布局。

PUGC 是 UGC 和 PGC 相结合的内容生产模式，其生态战略集合了 UGC、PGC 的双重优势，有了 UGC 的广度，通过 PGC 产生的专业化的内容能更好地吸引、沉淀用户。通过首创 PUGC 生态模式，引领音频行业的创新。喜马拉雅 FM PUGC 的生态战略包括三个方面：上游是内容生产，通过喜马拉雅FM平台分享到下游，帮助内容变现，同时喜马拉雅FM增加了下游的场景化分发（车上、路上、床上），把这三块内容做好后，整个生态系统便建立起来。在内容方面，喜马拉雅FM主要是从自媒体人到品牌机构到媒体。在渠道方面，主要分三块：路上、车上、床上。同时，在内容分发上，已经跟国内将近2000个平台有合作，如小米、阿里、百度、亚马逊、飞利浦、华为、海尔、联想、美的，等等。

除了喜马拉雅FM，蜻蜓FM也在布局和实施PUGC战略。为此，其在2015年开启的主播竞技大赛，便是基于PUGC生态战略的一个重要探索。蜻蜓FM已经为其"声价百万"项目筹集了总价值5亿元的资金及内外部推广资源，仅在奖金一块，就开出了1.6亿元的现金池。大赛年度总冠军的播主将会获得100万元奖金以及3000万元推广资源，年度十大主播也将瓜分2亿元左右的推广资源及相应奖金。让专业的电台人在蜻蜓FM拥有自己的网络音频节目，这与蜻蜓FM让用户听见高质量内容的坚持一脉相承。2015年3月20日，蜻蜓FM CEO杨廷皓在刊发于36氪上的《从中美视频的变迁，看音频市场的未来》一文中透露，根据其在美国视频网站HULU的工作经历，以及在中国经历的视频音频行业发展历程，可以推断出PUGC是音频行业未来的发展方向。之后，蜻蜓FM启动了PUGC战略，他们邀请了传统的电台主持人、专业的声音玩家，以及自媒体KOL专门为在线制作内容，确立清晰版权与商业合作模式。该战略发布后也被一些业内同行模仿。紧接着，蜻蜓 FM 上线全新主播平台，接受专业主播报名。在内容制作、版权权益和商业分成上，多管齐下探索 PUGC 新形态，达成了大量业内专业主播的优质节目内容合作。PUGC 战略启动前，蜻蜓 FM 就与名家确定了新型音频节目的合作发展模式。战略启动后，更是吸引了大量知名主播入驻制作优质节目。此外，蜻蜓 FM 联合了优酷、创新工场、成为资本成立了首个音频界的创业基金，首批筹集 8000 万元，扶持孵化全球播主竞技大赛中优质音频节目的商业化运营，向播主提供资金、资源、培训、服务、渠道、奖励和工作室等一系列支撑条件。

干货 喜马拉雅 FM 与多家图书公司签订了战略合作协议，拥有 70% 的有声书改编权。同时，引入全球最大的中文数字阅读平台阅文集团作为战略投资者，签署独家版权合作，在网络文学的市场份额上形成绝对垄断地位。此外，与市面上 70%~80% 的知名自媒体人或公司签订了独家版权。

依托企业媒体，完成涨粉与变现

有声节目在进行宣传和推广时，依托企业媒体，让更多的人成为自己的粉丝，是一个非常重要的手段。在当前的粉丝经济时代，拥有海量的粉丝，就意味着更大的变现能力。

内容本身就是涨粉

对于有声节目而言，涨粉策略千万条，内容硬核第一条。想要拥有更多的粉丝，让节目拥有一个优质的内容，是最为基础的条件。内容本身是有声节目最大的吸粉利器。在粉丝时代，因为内容优质，而引发"自来水"从而取得优异成绩的案例比比皆是。如喜马拉雅 FM 首页进行推荐的《口才三绝 为人三会 修心三不》，在节目上线之初，并没有太多的宣传，但是因为优质的内容，形成较好的口碑，许多人成为该作品的粉丝，自发地在朋友圈、微信群等社交工具上为节目进行宣传，引发更多的人收听。因为节目的品质有保障，许多人在收听了节目之后，又成为一拨新的粉丝，从而循环往复，最终拿下喜马拉雅 FM 教育培训新品榜第 1 名。有声节目说到最后，还是需要以作品见真章，只有在内容上千锤百炼，精雕细琢，作品才能经得起市场的考验，才能吸引越来越多的粉丝，形成更加强烈的宣传效果。

互粉互推，多管齐下

在进行有声节目的宣传推广过程中，与其他节目也要形成良好的合作关系。尤其是主播和节目的账号，要经常互粉互推。对于很多社交工具、APP 来说，粉丝互推都是非常常见的一个手段，有声节目完全可以从中得到借鉴。即使只有几十个人的关注，用了互粉互推这个方式之后，自己的粉丝数量也会增加很多。但是需要注意的一点是，利用互粉互推，还是要把自己的内容做好，这一点对于任何社交工具和 APP 来说都是如此。值得注意的是，<mark>同级别的账号进行互粉互推，效果是最好的，也是最为适宜的。</mark>

多渠道运营

有声节目的推广，要注重多渠道的运营，充分利用新闻客户端、今日头条、网易、搜狐等传统和新锐网络媒体，也要重视微信、微博、知乎、豆瓣等社交媒体的应用。这些网站和社交工具，是当前国民使用频率最高的，人们的大部分休闲时间，都与这些工具不可分离。让有声节目的宣传推广与这些工具有一个好的结合，要做好有声节目的推广宣传文案，形成良好的舆论氛围及广告效应，通过有趣的文案吸引人们的注意力。

比如有声节目可以充分利用微博这个社交工具，尤其是当节目选择了一个比较优秀的主播时，微博的作用就更加凸显。当前，微博是中国影响力最大的社交工具之一。许多事情一经微博发酵就可以形成滔天巨浪，产生巨大的社会效应。一般情况下，优秀的主播都自带粉丝群体，有声节目可以为主播量身制作节目文案，置于主播的微博社交媒体，当粉丝看到之后，就会形成评论或转发，主播可以选择继续跟进，与粉丝互动。若是文案内容十分精彩，粉丝的关注者也会因此进行转发，从而形成浪潮，将有声节目的热度大大提升。在微信、知乎、豆瓣的宣传推广方式也是如此，要充分地依托主播或节目自身的粉丝，以出彩的文案实现多渠道运营的目的。

分享与福利并存

对于有声节目而言,想要赢取粉丝的心,面对粉丝受众的特点,定期发放一定的福利也是非常必要的。喜欢收听不同节目类型的粉丝,其习惯虽然有一定的区别,但是核心和关键都与参与感和荣誉感紧密相连。有声节目发放的福利,呈现的效果也取决于有声节目是否有足够稀缺的资源。

从参与感的营造来看,这一步最重要的前置步骤是跟粉丝的交流,不管与其交流采取的是何种途径,交流的内容又是什么,但是必须要对粉丝有足够的了解。只有对他们有了充分的了解,并且真的有粉丝在思考与有声节目相关的问题,才能进行下一步的筹备。

荣誉感的营造,关键点在于所持有资源的稀缺性和归属感,若是粉丝觉得欣赏某个有声作品,并非什么值得骄傲的事情,那么这部分就不会有什么成效。如果粉丝比较认同这个有声节目,那么有声节目推出的任何活动都会变得稀缺。

有声节目对于粉丝而言,最高的境界是归属感,这需要节目长期的运营,并且与粉丝经过一系列重要的事件,与他们有共同的回忆和价值观,才能够达到。

干货 据悉,多听FM发布了一款车载智能硬件——车听宝,目的是通过智能硬件,以点播有声节目的模式,取代各档电台类节目,真正改变车主的收听体验。数据显示,我国

70％的私家车主，在车上都有收听节目的需求。但是传统的广播，存在广告多、音质差、地域小等问题，用户虽然可以选择转台，但还是被动地收听节目，这便凸显了在线有声节目的存在价值。比如我喜欢听郭德纲的相声，上车通过APP打开有声节目，然后支付版权费用，就能听到我喜欢的相声。同时，收听习惯会被APP记录，通过互联网大数据，实现精准推广。

粉丝"养成"系列

有声节目取得好的营销推广效果，离不开粉丝的支持与帮助，他们所能够起到的作用是非常巨大的。对于有声节目而言，也需要认真地对待每一个粉丝，让他们觉得成为这个节目的粉丝是物有所值的。那么，一个有声节目应该如何将一个点击节目收听的听众转化为节目的粉丝呢？

重视每一位粉丝留言

无论是谁，想要赢取粉丝的心，就需要先付出自己的真心。对于有声节目而言更是如此。想要得到粉丝的心，那么就要重视每一个粉丝的留言，对于粉丝的鼓励，要给以真诚的感谢，对于粉丝的建议与意见，要虚心地听取，对于粉丝提出的问题，要细致而耐心地进行解答，绝对不能敷衍了事，以免让粉丝觉得自己没有得到应有的重视和尊重。节目与每位粉丝的留言和互动，粉丝都会看在眼里，记在心里，长期地坚持下去，粉丝对节目就会产生归属感，与节目拥有共同的回忆。

与粉丝共同成长

与粉丝共同成长，是有声节目想要维护粉丝，拥有更多粉丝的必走之路。其实，不管是有声节目，还是个人明星，都需要跟随着粉丝成长，只有自己不断地成长，才能适应时代的需要，让自己变得越来越好，粉丝也才能对自己喜欢的人或事物更加欣赏，坚定自己追随的脚步。

对于粉丝来说，追逐明星或是节目，其实也是在寻找一种自我认同。对于有声节目而言，分享一些有助于大家提升的知识或思考，手写一些金句或赠送粉丝一些奖品，举办共同读书、共同朗读等活动，都是与粉丝共同成长的不错的方式。

定期举行线上和线下活动

有声节目想要吸引更多的粉丝，还需要定期举办线上和线下的活动，让主播和听众朋友们面对面，现场给大家讲述有声节目诞生和发展中的一些趣闻和要事。拉近节目与听众之间的距离，让听众对有声节目有更加直接的观感，让有声节目能更接地气，走进人们的心里。举办一个"有创意的线下活动"，一般分为三个阶段。第一阶段是确认参与对象、主题、时间、嘉宾、地点等，有声节目举办线下活动时，可以从参与对象上入手来体现创意，尽量突出参与对象的群体属性、打标签、标榜某种群体行为。

我们以 36 氪的"没想到游乐园"为例,其号称要打造首届互联网粉丝节。36 氪的地点选择的是石景山游乐场,既和主题的"游乐园"相呼应,也区别于一般的线下活动场地,更加有趣和游戏化!在嘉宾的选择上,36 氪邀请网红奶茶"喜茶"参与到美食板块,让最火游戏《王者荣耀》高手现场开黑,让当时非常火爆的综艺节目《中国有嘻哈》的人气选手辉子献唱,请各自媒体大咖或者创业红人进行干货分享等。他们都自带流量,很好地突出了一种圈子属性,使得线下活动更有话题性、故事性和影响力。

第二阶段是物料设计,把流程细化,进行线上预热等。在设计的物料、流程上也要更具话题,更具传播性、互动性。预热期开展一些有互动传播性的话题、线上活动等。仍以 36 氪的"没想到游乐园"活动为例,在流程细节中,游乐园里藏着真的比特币,还有游乐设施的门票可供参加的人去寻找。活动预热上,"没想到游乐园"提前十几天开始宣传,做了包含所有现场玩法的 H5、嘻哈主题的个性 MV、共享单身的单身信息征集等。

第三阶段是话题包装,进行大范围宣传。如营造需求火爆的氛围,拉动各渠道一起宣传,宣传文案也要更具传播性。下面再以儿童类有声节目《黑皮有故事》为例,看一下一个有声节目线下活动所取得的效果。

该节目在 2018 年举办了第一次线下粉丝见面会,取得了很好的效果。节目组选择了一个书店作为见面会的场地,开辟出了活动的专区,节目的主持人以不俗的现场气氛调动能力,让到来的小朋友们不由自主地进入《黑皮讲故事》的世界,并听得津津有味。在线下见面会上，主播不仅给小朋友们讲述了黑皮的故事，更给小朋友们介绍了节目背后配音的众多故事，对故事中人物的性格进行了充分的分析，让教育融化在故事当中，做到了寓教于乐。在线下见面会上，最让人印象深刻的就是现场的互动环节，家长和孩子们都踊跃地上台，在主播的耐心指导下，学习配音的技巧，人生第一次尝试了配音这个工作，让参与的大人和小朋友都兴奋不已。最后，线下活动进行了抽奖，在节目刚开始的时候，主播就为小朋友们人手发放了一个抽奖号码，最后由故事的主人公黑皮玩偶抽中了幸运儿，为他颁发了大奖，而其他没有被抽中的小朋友，也获得了精美的礼品。在整个过程中，小朋友们都可以和黑皮玩偶一同玩耍，气氛非常融洽。最终，小朋友们都在依依不舍中告别了这场活动，也给自己留下了难忘的回忆，节目组也成功地回馈了粉丝，也为把节目推向更多的受众提供了帮助。

由粉丝来决定

让粉丝决定节目的内容与走向，也是有声节目实现涨粉的一个重要手段。这个手段在国外的电视剧拍摄时经常用到。国外的电视剧在拍摄的时候，不会一下子将剧本全部写完，而是采用边拍边播的方式，随着剧情的进展以及人们的反应而对剧本进行一定的调整和修正，许多国外爆火的剧集便是采用了由粉丝决定剧情走向的方式，让粉丝感受到了剧组对了粉丝的爱护和诚意，粉丝也都尽自己所能，集思广益，让剧本变得更加精彩，从而吸引更多的人去观看剧集。

有声节目在吸引粉丝的时候，也完全可以借鉴这种方式。如一个拥有较多粉丝的创作团体，可以在选题阶段就发动粉丝，征求粉丝的意愿，看其想要收听什么样的节目，在每期的节目主题上，也可以提前征求粉丝们的建议，结合粉丝们的需求来确定自己下一步的内容，满足粉丝的愿望。在许多微信公众号的留言中，都可以看到这样的吸粉方式，粉丝们给作者留言，说明自己想要看什么方面的内容，作者按照粉丝们的要求，在较短的时间内，就进行了相关文章的撰写，让粉丝们感受到作者的真心，作者也可以因为创作了贴合粉丝心意的作品，而让其成为爆款。

干货 有声节目上的音频直播，使得发送音频动态成为可能，每个人都能创作自己的音频，分享自己的声音，这有助于发展听友圈、粉丝团等用户社交。听友圈使用户能够像微信朋友圈一样，通过声音发送自己的动态，分享自己的创作，实现内容自生产；粉丝团和直播交友，有效促进主播与听众互动，粉丝经济促进转化及活跃。总体来说，有声节目多方位的社交属性，不仅增加了平台粉丝黏性和忠诚度，还达到了促活和留存的目的。此外，还有的有声节目，大力开辟全民朗读和趣配音板块，全力打造普通用户创作乐园。根据自己喜好选择朗读内容，或是选择感兴趣的片段进行角色扮演配音，每个人都可以在节目中留下自己的声音，可以获得他人欣赏，无形中获得满足感，达到吸粉目的，使得有声节目流量无限。

爆款有声节目的宣传典范

《富察皇后的人生智慧》：由《延禧攻略》说开去

2018年夏天，一部叫作《延禧攻略》的电视剧在爱奇艺上线，随后便迅速占领网络视频市场，风靡线上线下，成为亿万观众共同的观剧选择。截至2018年8月26日，《延禧攻略》的全网播放量突破133亿，取得好收视的同时，也取得了非常好的口碑。《延禧攻略》在选材上准确把握了女性观众的心理，塑造出女主魏璎珞这样一位具有强烈自我意识的新型女性，确定了"重内在、轻外在"的制作目标，为这部剧的成功打下基础。

在这部剧中，给人们留下深刻印象的角色很多，除了女主角

魏璎珞，富察皇后因为其洞察人生的智慧，得到了很多人的认可。于是，一个有声节目创作组，紧随《延禧攻略》的热度，推出了《富察皇后的人生智慧》节目，由剧中富察皇后的扮演者秦岚带听众一同品读女性的智慧，体味知性的人生，旨在帮助女性朋友站稳人生命运的 C 位。

对于有声节目而言，《富察皇后的人生智慧》可以说是宣传推广的一个典范。首先，这个节目借助了《延禧攻略》的热度。作为 2018 年度最为火热的电视剧，有关《延禧攻略》及衍生产品的一举一动，都能够得到人们的热捧。《富察皇后的人生智慧》选择了其扮演者秦岚作为主播，是非常成功的。秦岚在《延禧攻略》中，以出色的演技诠释了富察皇后这个角色，将一个充满智慧的女性展现在大家的面前，得到了观众的广泛认可，给人们留下了深刻印象，并因此拥有了更多的粉丝。借助《延禧攻略》的热度，有声节目《富察皇后的人生智慧》还未上线，便吸引了很多人的关注，人们都对富察皇后想要跟大家分享什么样的人生智慧充满好奇，在播放前，赚足了人们的关注度，为其成为爆款奠定了坚实的基础。

当节目上线后，依靠着优质的内容，吸引了更多的人前来收听。正如本书反复提到的，节目的内容才是核心竞争力，所有的手段，都是以优质的节目内容作为根本的。而这个节目的内容也确实没有让关注它的人们失望。每期节目都能给听众，尤其是女性听众满满的收获，如《富察皇后的沟通法则：说稳当话，做稳当人》《富察皇后：世事洞穿，天真不泯》《富察皇后：

如何从从容中触碰万物的美好》《富察皇后的职场静心大法》《富察皇后：维持家庭关系的绝密法宝》等，都从非常新颖的角度，给女性朋友传授着知识，也传达着正能量。节目正是因为拥有如此优质的内容，也就形成了营销中的一个很好的现象，就是互动营销。听众通过留言、评论的方式，与节目进行了良好的互动，从而让节目的热度变得更高，让更多的人关注到这个节目，形成了更好的宣传效果。此外，秦岚作为国内著名的女演员，本身也拥有很多粉丝，再有"富察皇后"角色加持，形成了大V效应，利用自己的影响力为节目的宣传造势做出了极大的贡献。

除了营销手段，《富察皇后的人生智慧》对于粉丝的态度是很令人称道的，对于粉丝的留言和评论，节目组都非常重视，对于粉丝提出的问题，都能够耐心而且细致地解答，让听众心中不再疑惑，从而对节目更加喜爱。同时，节目还会定期进行分享活动及福利活动，给经常收听节目的粉丝一些福利，让粉丝更加具有荣誉感和归属感，扩大了节目的影响力。节目利用新闻客户端、今日头条、网易、搜狐等传统和新锐网络媒体，以及微信、微博、知乎、豆瓣等社交媒体，充分造势，让越来越多的人了解这个节目、喜欢这个节目。总而言之，利用爆款剧《延禧攻略》的热度，撰写优质的内容，选定最为适宜的主播，采用多渠道、全方位的宣传推广方式，《富察皇后的人生智慧》为众多有声节目的宣传推广做出了典范。

《郭论》：品牌请客与节目定制

《郭论》，是郭德纲 2018 年推出的个人首档音频脱口秀节目。节目的诞生就自带拾遗明清历史、解读市井文化、大话经典名著的标签，明确以针砭时弊、喻古讽今、亦庄亦谐为定位，这与人们对郭德纲的印象极为贴合。从主要内容角度看，分为捡史、论俗、歪批三个模块。其中，歪批以戏说历史的方式成为整个节目的亮点，它跳出了传统的、大众的局限，以主讲人郭德纲特色的语言、另辟蹊径的视角来评说古往今来的故事。用一种不甚正经的语调讲述一些正面的人物和一些严肃的桥段，以略带"轻佻"的语言行为来表现一些深刻而残酷的道理，主讲人的声音、背景、人设、魅力与历史内容有机融合，是该节目在同类有声产品中脱颖而出的核心卖点。此外，论俗部分则是借力主讲人的阅历和背景，主要介绍与天津卫和京城有关的风俗习惯以及梨园内外的风俗习惯。这是郭德纲最为擅长的部分，以他的从艺经历和人生阅历当然不会令人失望。捡史部分篇幅最大，与其他历史节目相比，《郭论》的捡史是于浩如烟海的史料中拾起那些为人忽视却意义深远的东西，而且大都基于戏曲评书话本的整理，听众的接受度更高，节目的传播力度也会更高。

契合度是《郭论》成功的灵魂，除此之外，在宣传方面，《郭论》也非常值得称道。

首先，《郭论》做到了品牌请客。《郭论》最大的亮点就在于"郭德纲"三个字,因此在宣传推广上,也正是紧紧抓住了这三个字。郭德纲的相声,在市场中拥有不可替代的地位,他的存在就是该有声产品的品质保障。因而在节目进行宣传的时候,只需做足"郭德纲"三个字即可。可以说节目未开播,便自带了一波流量。

其次,《郭论》做到了主讲人定制。在充分利用了郭德纲的品牌效应的同时,节目的内容也是为其量身定制的,这样就给郭德纲的特色提供了一个相声之外的展示窗口,也让定制这个节目的平台拥有了更多的受众,从而实现了双赢。

干货 从有声节目面临的内外环境中可以知道,当前这个领域的竞争已然非常激烈,当一个有声节目在经过了策划、内容撰写、配音、后期制作、选择平台、路演等环节后,进行有效的宣传推广,就成为这个有声节目为杀向战场而吹响的集结号。以优质的内容为保障,充分采用互动营销、关联营销、病毒营销、针对营销等策略,利用互粉互推、多渠道运营、分享福利等手段,重视每一位粉丝的需求,与粉丝共同成长,多举办丰富的线下活动,多措并举,形成宣传推广合力,最终为有声节目成为爆款,加入最后一公里的燃料。

后　记

解放思想，厘清潜力前景

进入移动互联网时代后，人们越来越倾向于利用碎片化的时间进行学习和休闲，在这样的背景下，有声节目的发展前景是巨大的，而打造一个爆款的有声节目也是有方法和规律可循的。不过在制作和传播有声节目的过程中，有许多风险点需要进行把握和防控，同时还需要不断地进行总结，不断地进行开拓，实现有声节目的创新发展。

在制作有声节目的过程中，最常遇见的风险就是节目平台和主播在选取、选用一些作品的时候，不重视甚至不考虑版权问题，这几乎成为很多平台和主播的一个通病。很多个人主播，在对一些内容进行引用或者采用的时候，并没有一个可以遵从的、健全的授权机制。这就需要有声节目的平台在进行节目筛选时多费心血。如在进行合作之前，需要先进行审核才能完成签约，将版权链条完善之后，才允许引入作品，并要求符合平台的要求。

对于有声节目涉及的授权问题和权利保护问题，目前也没有定论。人们对于有声节目到底是作品还是录音录像制品未达成一致意见。一般来说，通常是先有的文字作品，再有由文字作品改编的有声节目。当然也有一些例外，有的有声节目是把口述的作品进行录音，然后再进行播放。一些教师的课堂教学原声，甚至一些相声作品都是这样。但是这属于比较个别的情况。有声作品的产生，还是遵循文字作品—有声节目这条路线居多。区分有声节目是作品还是制品，是因为两者所享受的权利是不同的，获取权利的要求和程序也是不一样的。将有声节目作为作品来对待时，就拥有了著作权等十七项权利；但是若是作为制品，权利就要少很多，就属于邻接权，并且具体情况还要根据法律的相关规定来执行。

有种看法认为，核心在于其内容是否包含着作者的创造性劳动，如果没有，就只是一个有声的复制品而已。也有看法认为，如果作品是用机器人阅读的，那么就涉及复制权，若是真人阅读，那么就涉及录音制作。

有声节目在传播的过程中，同样面临着一定的风险，主要是利用网络和其他平台传播的时候，也涉及授权问题。有的平台只是获得了有声节目的广播权，但是没有获得信息传播权，在这样的情况下，一些有声节目传播平台通过互联网提供有声节目，就可能侵犯了信息网络传播权。而对于已经完成录制的有声节目的传播，是否还需要经过原作者授权的问题，业界也有不同的看法，有的认为需要，有的认为不需要。持不需要观点的人认为，比如一个有声节目播放平台已经取得某作者小说的改编录制发行权，并将这个小说改编成了有声作品，发布到了网络平台，就已经属于新的作品，是不需要再经过原著作者授权的。持有需要授权观点的人认为，有声节目，其本质是音像制品，还是对原作的复制品的传播，不存在改编。录音制作者对于其制作的音像产品，享有许可他人复制、发行、出租及传播并获取报酬的权利。

为了更好地规避风险，对于有声平台而言，在获得作品授权的时候，应尽可能地将权利都要过来，尤其是复制权不可或缺。因为想要有声节目在网络进行传播，文字作品的复制权是必不可少的。若计划对文字作品有一定的改编，还需要获得改编权；若是想要把节目的内容放在一些产品中进行销售，还需要发行权；如果要在广播电台播放，还需要广播权。多索取一些权利，就能够在有声节目的传播过程中少承担一些风险。

说完有声节目在制作和传播中的风险与防范，再来探讨下关于有声节目的创新发展。有声节目自出现到现在，经历了多次变革才形成今天蓬勃向上的发展局面，成为人们日常生活里非常重要的精神伙伴。一个优秀的有声节目想在未来能够实现创新以及可持续发展，仍需要从以下几个方面入手。

一是要解放思想，厘清潜力前景。在越来越激烈的有声节目竞争环境中，绝对不能墨守成规，谁能够解放思想，厘清有声节目的发展潜力与发展前景，谁就能够在这片红海中独占鳌头，立于不败之地。在未来的有声节目制作中，注重项目的细分，是想要取得成功的必要条件。这需要有声节目的创作者有极度敏锐的观察力，发现受众的需求，从看似不可能中寻求到可能性。此外，在注重节目特色化的同时，还需要广泛地涉猎，不要做井底之蛙，要将目光放得广阔和长远，做到特色化与广泛涉猎的有机统一，从而打造出一个全新的具有特色的节目，引起大家的关注。

管控源头，提升整体质量

我们已经反复强调，内容是有声节目的核心竞争力。一个优秀的有声节目，必然要致力于内容的创新，提高产品质量。移动互联时代的用户对有声读物的内容和质量最为关注，获得多样化的内容资源、提高有声读物的制作水平、打造自己的特色品牌是当今有声节目的立足之本。在互联网时代里，用户对内容的需求更加海量和多样化。想要获取丰富的内容资源，单凭一己之力很难实现，多主体合作已经是大势所趋。因此打造成功的有声节目，必然要扩展节目的来源，做到广撒网，争取获得优质的内容。同时，还需要对内容加强审核和把关，让内容文稿的撰写符合节目的定位，符合听众的需求，符合市场的规律。此外，还要审核节目的录制过程及后期制作。这两个环节对于有声节目的质量非常重要，若将有声节目比作一棵树，那么内容是根本，而录制和后期则是枝叶，枝繁叶茂离不开根，但根存在的目的，就是要让枝叶变得茂盛，几个环节之间是有机的统一整体，不能顾此失彼，因此对于录制的过程和后期制作必须要严格要求，避免一块美玉出现没有必要的瑕疵。

切磋琢磨，把握细节水平

有声阅读有了海量的内容资源后，在数量上占据优势的同时也要注重质量的提高。而想要获取高品质的有声资源，需要耗费巨大的人力物力，具有国际水准的录音设备、先进的数字合成技术、优质的播音人员都是缺一不可的因素。在硬件设施和数字技术都差距不大的前提下，制作人员和播音人员的水平高低和用户认可度成了主要的竞争标准。归根结底，要想提高有声内容的质量水平，人才的培养是关键。很多听书网站和听书APP不惜重金签约国内顶尖播讲明星，为广大用户带来优质的听书体验。此外，新人主播的培养也是有声阅读企业极其重视的，目前较为流行的做法是听书网站把录音任务发放在网站平台上，只要是该网站注册过个人电台的主播即可参与试音，若能在众多试音者中脱颖而出，则有可能成为该系列作品的签约主播甚至被挖掘收编到正规有声出版公司旗下，进行专业化的培训和包装，或者为之量身定做符合其声音特色的产品内容。这样的做法将会为有声读物储备后续的播音人才，为高品质的有声内容提供更好的保障。

多措并举，实现多维利用

在未来，优秀的有声节目需要增加听众的互动性。根据权威部门对于有声节目的调查结果，半数以上用户倾向于选择在线收听或者下载收听，而很少有人主动评论作品或者自发地分享到微信朋友圈、微博等社交平台。常常看到某档节目被收听了上万次，而评论者寥寥无几。这一方面体现了用户仅仅停留在娱乐自我的"听"的层面，而不愿花更多心思去深度思考交流；另一方面，也说明了有声节目在互动设计方面还有不足，用户的交流渠道不够畅通。得益于新媒体渠道越来越扁平化，播者与听者发生作用只需一款听书软件，中间环节越来越少甚至消失。有声节目网站或 APP 可以升级既有的技术，让听众可以在评论区与主播、听友语音互动，甚至可以和作品原作者交流互动；遇到优秀的作品一键分享到社交平台时可以进行语音推荐；在收听文学经典或知识性较强的有声内容时可以随时暂停做"语音点评"或"声音注释"。这一个小小的技术进步就能让听众同时实现与作者、播者、听友甚至作品本身之间的互动。这种用声音来交流互动的模式应该很快就能实现，技术的升级使整个听书行为更有趣味性，不仅激发了用户自身的听书热情，还能带动更多的人加入听书队伍中来。

优秀的有声节目还应实现多媒体交互阅读。有调查结果显示：在听书与看书的选择方面，有 18.95% 的用户认为听书应和看书互为补充。这就表明，人类接收信息和知识的过程需要同时调动多种感官才能达到最优效果。基于新媒体的有声阅读，一定是从单一的"听"向"视听动"的多媒体化发展的，未来的听书可能演化为一种多媒体综合阅读方式。常听书的朋友可能会发现，并不是所有的播讲者都是普通话标准且吐字清晰的，尤其是在讲一些我们不太熟悉的领域的时候，个别地方可能会出现听觉误差，导致不能对作品有一个完全正确的理解。如果能像音乐软件那样可以自由选择是否显示"歌词"，那将是一种很好的解决方式。目前已有某听书 APP 意识到这种情况，在作品的反馈区有一个是否需要字幕的按钮，如果点击"是"的听众较多，那后期可能就会为这部作品配上字幕，这是"视听"的结合。又如：有声书中提到某个名人或明星的名字，可以链接到此人的照片和简介页面；提到某种美食，可以跳转到该食物的烹饪教程；提到一个地名，若其具有旅游价值，还可以链接到其视频宣传片等，并向旅游景区收取广告费。这是"视听动"的结合。

总之，有声节目未来的发展潜力及前景是巨大的。作为有声节目从业者，我们遇到了一个好的时代，我们不仅需要感谢这个时代，更需要努力拼搏，才能不辜负时代给予的机会。征途漫漫，唯有奋斗！